마음을 비우고 등신처럼 살았지

마음을 비우고 등신처럼 살았지

너그러운 사람 신후식

김종순 지음

책을 펴내면서

신후식 목사님은 대구 · 경북의 종교계와 교육계를 대표하는 인물 가운데 한 분이시다. 신 목사님은 "너그러운 사람"으로 나서기를 즐기는 분은 아니었지만 어떤 일이든 자신을 필요로 하는 곳이라면 희생을 무릅쓰고 헌신하시기를 꺼리지 않았다. 무엇보다도 그는 한 사람의 목사로서 본이 될 만한 목회를 했고, 학교의 교사로서 혹은 교장으로서 학생들을 가르치는 일에 전념했던 분이다. 교회나 학교는 정치 바닥이나 사회조직과 달라 비교적 무풍지대일 수도 있지만, 그는 바람을 피하기 위해 결코 그곳에 숨거나 안주(安住)하지 않았다. 일제에 항거하여 그 험한 옥고(獄苦)를 두 번이나 치루었고, 신명학교(信明學校)가 폐교의 위기에 처했을 때는 분연히 일어나서 투사의 역할을 하기도 했다. 그러나 그를 만나 본 사람은 그 분의 얼굴 어디에서도 그런 용기와 결의에 찬 모습을 볼 수 없었다. 오히려 부드럽고 인자함만을 기억하고 있을 뿐이다.

외유내강(外柔內剛)! 신후식 목사님이 가졌던 그 힘은 어디에서 온 것일까? 그 분은 두메산골의 대명사로 불리던 청송 골짜기 출신이다. 어릴 때부터 지게를 짊어지고 보현산 자락에서 호연지기(浩然之氣)를 길렀다. 산 위에서 깊은 골짜기와 넓은 평원을 내려다보며 '비어있음'의 철학을 터득했던 것이다. 자신의 호를 보현산(普賢山)의 이름을 따 보산(普山)이라 한 것만 봐도 그가 가졌던 그릇의 크기를 짐작하고 남음이 있다. 유교의 전통이 강했던 그 시대에 기독교를 받아들이고 목사가 될 수 있었고, 그의 설교나 목회 방식이 결코 문자에 매이는 소승(小乘)이 아니라 대승기독교(大乘基督教)였음이 그 증거인 것이다. 21세기의 다원적 가치를 그는 일찌감치 터득했던 게 아니었을까?

2006년 학교법인 계성학원에서는 개교 100주년을 맞아 신후식 목사님을 비롯한 열 명을 「시대를 연 영남의 인물」로 선정하고 그들의 일대기를 집필키로 했다. 신후식 목사님은 그 열 명 가운데 유일한 생존자이시다. 이미 백수를 넘겨 올해 106세가 되시도록 아직 건강하신 것도 감사한 일이고, 아직 각 분야의 지도자로 활동하고 있는 후세들의 입을 통해 많은 자료를 모을 수 있었다는 것도 다행스런 일이다. 당연히 본인도 손사래를 쳤지만, 사실 생존자를 대상으로 일대기를 집필하는 일은 매우 부담스러운 일이다. 그러나 이 책의 출판 목적은 특정인의 생애를 미화하거나 막연하게 영웅화시키려는 것이 아니다. 연보(年譜)를 중심으로 그 분의 발자취를 더듬는 것도 가능한 일이지만, 이 책은 역사적 사실보다는 신후식의 인간적 모습을 찾으려고 애를 썼다. 계성은 신후식 목사님이 청소년기의 꿈을 키운 보금자리였고, 그의 인격이 형성된 현장이었다. 그리고 성장한 후에는 목회의 현장이기도 했고 교육의 현장이기도 했다. 그러나 그런 사실만으로 그 분을 이해하기란 충분치 않다.

그저 과거라는 시간의 단위 속에서 박제된 모습으로 남아 있는 신후식 목사님을 다시 일으켜 세워 자라나는 청소년들에게 소개할 필요가 있었다. 그것은 후세에 교훈과 기쁨과 감동을 제공할 것이라 믿기 때문이다. 또한 신후식 목사님의 파란만장했던 삶의 여정은 우리에게 커다란 자긍심과 희망과 용기를 주어 미래를 위한 롤 모델(Role Model)이 될 것으로 믿기 때문이다. 따라서 이야기의 서술은 '스토리텔링'의 방식을 취했다. 그것은 '이야기'라고 하는 실체가 현재 진행형으로 말해지는 행위이다. 인쇄매체의 시대에는 '이야기'가 '이미 이루어진 과거의 것'을 의미했다. 그러나 스토리텔링에는 'tell'이라는 구체적인 감각적 행위가 포함되어 있다. 특히 화자와 청자가 같은 맥락 속에 포함됨으로써 현재의 상황이 강조된다. 현장성의 회복, 즉 새롭게 확장된 구술문화의 차원이 되는 것이다. 여기에 'ing'는 상황의 공유와 그에 따른 상호작용성의 의미를 내포한다. 가공되지 않은 단순 자료를 이야기로 풀어 재미있게 만든 것을 말한다. 그래서 상당부분 작가의 상상력에 의한 재구성이 이루어지게 된다. 소위 리얼리티(reality)를 위한 장치라고 할 수 있다.

이 책이 탄생하기까지에는 많은 분들의 도움이 있었다. 이 책이 빛을 보게 된 것은 그 분이 가졌던 꿈을 계성학교에만 가두어 두지 않고 세상 모든 청소년들과 나누어야겠다는 학교법인 계성학원 김태동 이사장님의 의지 덕분이다. 처음에 공저자로 참여했던 김두이 선생의 수고가 적지 않았다. 문예창작을 전공으로 공부하며 묻혀있던 자료를 모으기 위해 발로 뛰기도 했고 초고까지 마련했지만, 작업이 생각보다 더디어져 끝까지 함께 하지 못한 것을 못내 아쉽게 생각한다. 신명희 교수가 소장하고 있던 많은 자료와 사진들이 이 책을 엮는데 큰 도움이 되었다. 고정애 사모가 생생하게 기억하고 있던 에피소드를 들려 준 것도 큰 도움이 되었다.

이 책이 대구 · 경북지역의 문화사 연구에 보탬이 되면 좋겠다. 그러나 무엇보다도 청소년들이 한 인물의 일대기를 통해 자신의 삶을 거울로 비춰보고 미래의 자신을 만들어가는 데 도움이 될 수 있으면 좋겠다.

2010년의 봄을 기다리며

저자 김 중 순

차례

1 지게를 진 소년

제비들이 우짖기 시작했다. 안채 쪽에서는 할머니의 잔기침 소리가 들려왔다. 닭장에 든 닭들이 푸드득거리는가 싶더니 암탉이 울어댔다. 아침이 오는 소리였다. 고요한 가운데 흘러나오는 수런거림에 후식은 잠자리에서 일어났다. 그리곤 행여 잠든 동생들이 깰까, 조용조용한 걸음으로 방을 빠져 나왔다.

방을 나온 후식의 눈에 제일 먼저 뜨인 건 댓돌 위에 놓인 동생들의 신발이었다. 동생들은 신발도 제 성품대로 벗어 두는데, 후식은 크기가 다 다른 동생들의 신발을 제 자리에 반듯하게 놓아두었다. 그러다 힐끔 처마 끝에 달린 제비집을 치어다봤다. 새끼제비들이 둥지 밖으로 고개를 내민 채 목청껏 울어대고 있었다. 아마도 어미제비가 먹이를 물어올 때가 된 모양이었다. 후식이 보기에 어미제비는 부지런히 먹이를 구해다 날랐다. 그러나 새끼제비들은 늘 배가 고프다며 아우성을 쳤다. 측은하기도 하고 안타깝기도 한 어미제비의 자식사랑을 보면서 후식은 어머니를 생각했다. 가난한 종가의 막내며느리로 들어와 고생만 하는 어머니였다.

후식이 세수를 하려고 우물가로 갔을 때, 어머니는 산나물을 다듬고 계셨다. 외지로 떠난 아버지는 전날 밤에도 돌아오지 않았다. 그래서인지 가뜩이나 야윈 어머니의 어깨가 전보다 더 앙상해진 것 같았다. 한학자 집안에서 자라나 식견이 넓었던 아버지는 집안일이나 농사보다는 뜻이 다른 데에 가 있을 때가 더 많았다. 그렇다보니 자연히 외출이 잦을 수밖에 없었다. 언젠가는 금광개발지를 찾겠다며 여러 달이나 집을 비운 적도 있었다. 아버지가 집을 자주 비우면서 생긴 빈자리는 겨우내 묻어둔 독을 꺼낸 자리처럼 깊고 컸다. 그러나 어린 후식과 어머니는 불평 하나 없이 묵묵히 그 자리를 메워나갔다.

그저께 밭둑에서 만난 동네 아주머니는 아침에 까치가 울면 반가운 소식이 온다고 했다. 그 말씀처럼 까치가 울고 아버지가 성큼 대문 안으로 들어서 준다면, 하고 후식은 감나무를 올려다보았다. 집안 내력만큼이나 오래된 감나무에는 풋감만이 무성한 잎사귀 사이로 얼굴을 내밀었다 감출 뿐, 까치의 흔적 따윈 보이지 않았다. 휴, 하고 한숨을 내쉰 후식은 어매, 하고 어머니를 불렀다. 무슨 생각인가에 골몰해 있던 어머니가 후식을 돌아봤다.

"좀 더 자지 않고서."

장남에 대한 어머니의 애틋한 마음이 담긴 목소리였다. 어머니의 그 마음을 잘 아는 후식은 조용히 우물물을 길어 올렸다. 우물에 두레박줄을 내릴 때마다 찰팍찰팍 물소리가 났다. 맑고 경쾌한 물소리에 후식은 다시 감나무를 올려다봤다. 감나무 우듬지 위로 한가롭게 뭉게구름 한 조각이 흘러갔다. 고요한, 그래서 어떠한 변화도 일어날 것 같지 않은 일상이 이어지고 있었다.

후식이 우물물을 길어 올리는 동안 어머니는 한뎃솥에다 쌀과 보리쌀을 함께 안쳤다. 조선인의 행복을 위한다는 명목으로 이루어진 한일합방 이후, 일본은 토지조사사업이라는 걸 벌였다. 그 바람에 많은 농민들이 대대로 일궈오던 토지를 빼앗겼다. 소작조차도 얻지 못한 농민들은 대처로 나가 짐꾼이 되거나 막노동으로 생계를 이어갔다. 후식이 태어난 청송군 현서면 복동도 이러한 역사의 소용돌이를 피해갈 수는 없었다. 그 때문에 살기가 어려워진 마을 사람들은 비탈땅을 개간하거나 벌목으로 생계를 이어갔다. 이런 처지에 후식이네라고 양식이 넉넉할 리 없었다.

아침거리를 솥에다 안친 어머니의 손길이 분주해졌다. 종가의 막내인 아버지는 결혼 후에 분가를 하지 못했다. 그렇다보니 집안에는 늘 많은 식구들로 북적였고, 그들의 뒤치다꺼리는 어머니의 몫이었다. 그 속에서 일찌감치 철이 든 후식은 일어나자마자 아침밥을 준비하는 어머니를 도왔다. 낮에는 들일을 하는 어머니 곁에서 잔심부름이라도 했다.

어머니는 늘 성실하고 겸손한 자세로 살림을 꾸려가셨는데, 형편이 그리 넉넉하지 않았음에도 불구하고 자식들에게 짜증내거나 소리 한번 지르지 않았다. 그런 어머니를 생각하며 후식은 한데 아궁이에 솔가리를 넣고 후, 입바람을 불었다. 밤새 고이 묻어둔 불씨에서 여린 불빛이 일어났다. 이제 마른 삭정이를 얹어 불길을 키울 차례였다. 그런데 어찌된 일인지 삭정이에는 불이 잘 붙지 않았다. 몇 번이나 더 입바람을 불어넣어도 아궁이에서는 연기만 피어올랐다.

연기 때문에 콜록, 기침을 토해낸 후식은 부엌 찬장에 있는 석류황(石硫黃)을 생각해냈다. 석류황은 작은 소나무 가지에 유황을 묻혀 만든 것으로 아궁이에 넣으면 불길을 살릴 수 있었다. 그러나 그마저도 불씨가 없으면 소용이 없어서 어머니는 늘 불씨 간수에 신경을 썼다. 일본에서 들어온, 긋기만 하면 불이 생긴다는 성냥에 비해 석류황은 아무래도 불편한 점이 많았다. 하지만 가난한 후식이네 형편으로는 쌀 한 되 값이나 되는 성냥을 사다 쓸 수는 없었다.

아침밥을 해먹은 어머니가 밭으로 가자 후식은 바로 아랫동생인 태식을 데리고 산으로 땔감을 구하러 갔다. 누가 시킨 건 아니지만 어머니를 돕고 싶은 마음에서였다. 너도나도 산에서 땔감을 해다 쓰던 시절이라 얕은 산자락에는 군데군데 헐벗은 자국이 남아있었다. 그런 곳에 가면 솔가리나 삭정이도 많지 않았다. 그래서 후식은 좀 더 깊은 산 속으로 들어갔다. 길이 가팔라 사람들이 잘 들어가지 않는 골짝을 알고 있었던 것이다.

골짝에 들어간 후식이 삭정이를 꺾는 동안 태식은 솔가리를 모았다. 초여름의 해는 빨리도 달아서 벌써 후끈한 열기가 느껴졌다. 후식은 더 더워지기 전에 산에서 내려가려면 이제는 솔가리와 삭정이를 묶어야 했다. 그때 태식이 후식을 올려다보더니 손으로 배를 쓸었다.

"형아, 배고프다."

잠깐 태식의 얼굴을 바라보던 후식은 문득 생각난 듯이 곁에 있던 칡넝쿨을 뒤적였다. 태식에게 줄 칡뿌리를 캐주기 위해서였다. 칡은 먹거리가 풍족하지 않은 산골 아이들의 훌륭한 간식거리 중 하나였다. 그러나 산딸기나 까마중처럼 아이들이 쉽게 딸 수 있는 건 아니었다. 그런데도 후식은 배고픈 동생을 위해 칡뿌리를 캐보려고 했던 것이다.

저 너머 능선에서 힐끔힐끔 흰옷가지가 보였다. 아마도 산나물을 캐러온 아낙이거나 후식처럼 땔감을 구하러온 아이들인 모양이었다. 후식은 나뭇단을 지게에 얹고는 주변을 두리번거렸다. 점심때가 되었는지 그림자가 점점 짧아지고 있었다.

"고만 내려가자."

후식이 지게를 지며 말했다. 나뭇단을 실은 지게는 무거웠다. 또한 내려갈 때와 달리 올라올 때의 골짝은 꽤나 깊게 느껴졌다.

한참 비탈을 오르던 후식의 걸음이 휘청거렸다. 앞서 올라가던 태식이 걱정스러운지 뒤돌아봤다. 바로 그때, 지게의 무게를 이기지 못한 후식이 비틀거리며 뒤로 자빠졌다.

놀란 태식이 형아! 하며 후식을 불렀다. 그와 동시에 지게에서 떨어진 나뭇단은 골짝 아래로 굴러갔다. 어디가 깨어졌는지 후식의 잠방이에서 핏물이 배어났다. 순간, 후식은 자리에서 벌떡 일어섰다. 그리고 옷에 묻은 흙을 툭툭, 털어내며 나뭇단을 바라봤다. 힘들게 해온 나뭇단이 골짝 아래에 아무렇게나 흩어져 있었다. 그걸 본 후식은 너무나 속이 상한 나머지 울상을 지으면서도 우스개 소리를 했다.

"하루 땔라캤디, 이틀도 못 때겠다"

"형아, 뭐? 하루 땔라캤디 이틀도 못 때?"

태식이 배를 잡고 깔깔대며 웃기 시작하자 후식도 히히 웃고 말았다.

그러던 어느 날이었다. 소꼴을 뜯으러 갔던 후식이 들에서 돌아와 신경한 앞에 망태기를 내려놓았다.

"아부지요, 우리가 소꼴 많이 해 왔니더, 잘했지요?"

신경한은, 후식이 내려놓은 망태기를 내려다봤다. 망태기에 든 건 소가 먹으면 안 될 독초였다. 하지만 어린아이들이 그걸 알 리 없지 않은가. 잠깐 아이들의 초롱초롱한 눈동자를 바라보던 신경한이 빙긋이 웃었다.

"오야, 참 잘했다."

아버지의 칭찬에 어깨가 으쓱해진 후식이 동생 태식을 데리고 골목으로 뛰어나갔다. 골목에선 밤에 핀 박꽃처럼 환한 아이들의 웃음소리가 들려왔다. 그 틈에 신경한은 얼른 망태기에 든 풀을 가져다버렸다. 혹시라도 후식이 해온 풀이 독초란 걸 알게 되면 실망할까, 싶어서였다.

아침부터 제비가 낮게 날았다. 어머니는, 제비가 낮게 날거나 개미가 줄지어 이사를 가면 비가 온다고 했다. 그 날도 후식은 지게에다 낫 한 자루를 챙겨 넣었다. 비가 오기 전에 땔감을 좀 구해다둘 요량이었다. 그때 사랑채에서 나오던 둘째 큰아버지가 후식을 불렀다.

"후수야, 후수야!"

후수는 후식의 아호였다. 러일전쟁에서 승리한 일본이 조선 침략의 야욕을 본격적으로 드러내기 시작하던 1905년, 음력 6

한학자였던 둘째 큰아버지 **신조한** 옹은 후식의 글선생이기도 했다.

월 24일에 태어난 후식이 아버지는 나무처럼 두터운 사람이 되길 바랐다. 그래서 두터울 후(厚), 나무 수(樹)자를 써서 후수라는 이름을 지어주었다. 후식(厚植)이라는 이름은 나중에 수(樹)자를 대신하여 집안의 돌림자인 식(植)을 따라서 붙여졌다.

'무슨 일이신고?'

혼잣말로 되물으며 후식은 사랑채로 달려갔다. 큰아버지가 후식을 따로 부르는 일은 좀체 없었기 때문이었다. 등에는 지게를 진 채였다. 그런 후수를 큰아버지는 잠시 측은한 눈으로 바라봤다.

"나무하러 가던 참이가?"

"예. 비 오기 전에 한 짐 해다 놓을라꼬예."

후식의 대답에 큰아버지는 먼 하늘을 응시했다. 그리고 나직이 읊조리듯 말했다.

"니도 공부를 해야지."

"예?"

"니도 내일부터 서당에 와서 딴 아들캉 같이 한문을 배우란 말이다."

후식은 어찌해야할지 몰라 선뜻 대답을 하지 못했다. 때마침 그 광경을 보게 된 어머니는 말없이 고개를 끄덕였다. 대처에는 신식교육을 시키는 학교가 벌써 들어섰지만 산골 마을인 청송군 현서면에는 아직 신식교육을 시킬 기관이 마련되어 있지 않았다. 게다가 후식의 둘째 큰아버지인 신조한은 한학에 조예가 깊은 분이 아닌가. 그러니 어머니로서는 반대할 이유가 없었다.

후식은 큰아버지에게 공손히 인사를 드리고 돌아섰다. 어디선가 까치가 까악까악 울었다. 후식은 정말 반가운 손님이 오는 걸까, 하고 감나무께를 올려다봤다. 이제 제법 영글기 시작한 감이 전날보다 더 싱싱하고 생기 있어 보였다.

2 아버지의 결단

여러 날 만에 집으로 돌아온 후식의 아버지 신경한은 방안을 서성거렸다. 세상이 술렁이고 있는 탓이었다. 마치 깊숙한 땅속에서 끓고 있는 마그마처럼 은근하면서도 힘찬 술렁거림이었다. 신경한은 그 술렁거림에 귀 기울이지 않는다면 미래마저도 불투명해질 것이라 여긴 사람이었다. 그러나 고종이 단발령이 내린지 십 여 년이나 지난 지금까지도 상투를 고집하는 이 산골마을에서 무엇을 할 수 있단 말인가. 게다가 지금 조선은 일본의 식민지가 아닌가. 신경한은 긴 한숨을 내쉬었다. 생각은 있으나 방법이 없었고 이상은 높으나 실현할 수가 없었다. 세상의 흐름을 누구보다 빨리 읽어낼 줄 알았고, 한의학에도 해박한 지식을 갖추고 있긴 했지만 그 또한 오지나 다

름없는 산골마을의 오랜 생활습성에 젖은 일개 촌부에 지나지 않았던 것이다. 마을 이장을 맡은 그의 발길은 하릴없이 바쁘기만 했다.

1898년의 어느 날, 이 산골마을에 예기치 않은 손님이 찾아왔다. 생전에 보지 못했던 서양인이 나타난 것이다. 안의와(安義窩; James E. Adams) 선교사였다. 안의와 선교사는 이미 1895년에 조선 땅에 들어와 경상도 북부지역 방방곡곡을 돌며 선교 여행을 하고 있었으니 겉모습만 서양 사람일 뿐 그 사이 한국 사람이 다 되어있었다. 그러나 그런 속내를 알 리 없는 마을의 어린아이들은 안의와 선교사를 보자마자 무엇에 질린 듯 기겁부터 했다. 양복 차림에다 조랑말을 탄, 피부가 희고 키가 큰 서양인을 난생 처음 본 까닭이었다. 일순간, 늘 아이들 소리로 북적이던 골목에 정적이 흘렀다. 호기심 많은 아이 하나가 신기한 듯 안의와 선교사의 주변을 얼쩡거리다 집으로 달아났다. 들일을 마치고 돌아오던 아낙들은 먼발치에 서서 우리 마을에도 소문으로만 듣던 코쟁이가 나타났다며 수군거렸다. 집에 있던 아낙들은 아주 흉측한 괴물이라도 본 것처럼 놀라며 호들갑스레 아이들을 집으로 불러들였다. 이 낯선 이방인을 흘끔흘끔 곁눈질하던 노인들과 젊은 사내들은 대문을 닫아걸었다.

마을 사람들의 냉대에도 안의와 목사는 개의치 않았다. 그는 유창한 한국말로 오히려 사람들을 안심시키고 마음의 문을 열게 하는 재주가 있는 사람이었다. 그 당시 대부분의 선교사들이 그러했듯 그는 사람들을 찾아다니며 먹을 것과 입을 것을 나누어 주는 일부터 했다. 산골 마을에 도적처럼 찾아와 가난한 사람들을 도와주는 안의와 목사가 처음에는 이해가 되지 않았다. 그러나 생활도구는 물론이고 심지어 침대까지 조랑말에 싣고 이 첩첩 산골에 찾아 온 걸 보면 뭔가 있는 게 틀림없었다. 게다가 그가 가지고 온 물건은 모두가 전에 보지 못했던 신기한 것들이었다. 신기하기도 했지만 세상에는 사람이 이렇게 사는 법도 있구나 하는 생각이 들 정도였다. 안의와 목사가 마을에 머문 며칠 동안 신경한은 그와 많은 이야기를 나누었다. 그리고 깨달았다. 저 너머 다른 세상에는 새로운 문물이 있다는 사실이었다. 신경한은 이것을 받아들이는 일이야말로 나라가 사는 길이라 믿어 의심치 않았다. 이제는 이렇게 가만히 앉아서 가난을 대물림 할 수는 없는 일이라고 생각하던 터였다. 그리고 나라가 망하는 꼴을 더 이상 가만히 앉아서 보고만 있을 수도 없는 일이라고 생각하던 터였다.

미국을 비롯한 서양 오랑캐 나라에서 우리나라에 선교사들을 보내왔다는 소문은 들었지만, 이 산골 작은 마을에까지 찾아오리라고는 생각해 본 적이 없었다. 그들이 작은 선심을 베풀고 있기는 해도, 사실은 서양 귀신을 믿게 하고 궁극적으로는 나라를 빼앗으려는 심사가 아닌가 짐작하고 있던 터였다. 그런 선교사를 사람들이 경계하는 건 전혀 이상할 게 없었다. 그런데 다른 사람도 아닌 마을을 대표하는 이장(里長)이라는 사람이 그들의 사상과 종교를 받아들여야 한다고 아예 내놓고 나선 것이다.

안의와 선교사는 복동에 자그마한 교회를 세우고 떠났다. 비록 시작은 미미했지만 신경한은 누구보다도 교회생활에 충실했다. 조용한 성품인데다 순종적인 아내 이덕성 또한 그와 다르지 않았다. 여전히 구습과 유교사상에 젖어있던 주위 사람들은 그런 내외를 보고 저희들끼리 쑥덕거렸다. 아예 상종조차 하지 않으려는 이도 있었다. 그러나 이미 성경말씀에 마음을 빼앗긴 신경한에게 그들의 시선 따윈 아무 문제도 되지 않았다. 오히려 오랫동안 혼자 공부하며 터득한 한방으로 사람들의 몸에 좋다는 약을 지어주기도 하고, 아픈 사람들을 찾아다니며 침을 놓아주는 등 그들과 더 가까워지기 위해 노력했다.

신경한의 노력으로 교회는 서서히 마을 공동체의 중심이 되었다. 산골마을에 외지 소식을 전해주는 통로가 되기도 했고, 사람들은 서서히 고개를 들어 산너머 세상에 호기심을 보이기 시작했다. 산너머 세상이란 그저 살기좋은 신식 세상만은 아니었다. 교회는 육(肉)의 세상만이 아니라 영(靈)의 세계도 있음을 알려주었다.

안의와 선교사가 뿌린 복음의 씨앗이 복동이라는 거친 땅에 조금씩 뿌리를 내려갈 즈음, 미국의 대통령인 윌슨이 민족자결주의라는 걸 발표했다는 소식이 들려왔다. 식민지나 점령지역의 피지배민족에게 자유롭고 공평하고 동등하게 자신들의 정치적 미래를 결정할 수 있는 자결권(自決權)을 인정해야 한다는 뜻이었다. 마침 그 때 고종이 일제에 의해 독살 당했다는 소문이 돌았다. 그러자 여기저기에서 일제에 대한 원망과 분노의 목소리가 터져 나왔다.

"나쁜 놈들, 군대를 앞세우고 들어와서는 강제로 나라를 빼앗더니, 그것도 모자라서 이제는 우리 땅에서 우리의 어버이인 황제를 암살해?"

"어디 그뿐입니까? 화폐 정리 사업인가 뭔가를 벌이더니 조선 화폐를 쓰지 못하게 하고 저희들 화폐를 쓰게 하지 않았습니까? 토지조사령은 또 뭡니까? 그 바람에 저는 가진 재산 다 빼앗기고 거지가 되었습니다."

"우리 민족의 자존심이라 할 수 있는 대한매일신보와 황성신문도 폐간시켰다면서요? 학교도 불온하고 불량한 조선 사람을 키우는 불령선인(不逞鮮人)의 소굴이라며 문을 닫게 하고 있지 않습니까? 우리가 이대로 가만히 보고만 있어서야 되겠습니까?"

마침 고종의 국장일이 3월 3일로 정해졌다. 그때를 기해 손병희 선생과 종교 지도자들을 포함한 33인의 민족대표는 전국 만세운동을 준비했다. 전국의 각 장날에 맞춰 평화 시위를 벌이자는 것이었다. 그리고 전국의 유생들과 조문객이 한양으로 몰려온 기미년 3월 1일, 서울에서 만세운동이 일어났다. 그 즈음, 복동교회에도 독립선언서와 함께 한 통의 편지가 전달되었다. 다가오는 3월 26일, 화목장터에서 시위운동이 벌어질 것이다, 우리 민족은 모두 동참하길 바란다는 내용이 든 편지였다.

소식을 들은 교인들은 교회에서 비밀리에 모임을 가졌다. 그리고 시위 전날 밤에 이장인 신경한의 집에서 모이자는 약속을 하고 헤어졌다. 약속한 시간이 되자 허름한 옷차림의 교인들이 하나 둘 신경한의 집으로 모여들었다. 여신도들은 바느질감을 들고 오기도 했다. 혹시라도 모를 일경의 급습을 피하기 위해서였다. 이렇게 모인 교인들은 골방에 숨어 먼저 하느님께 예배를 드렸다. 그리고 모두 숨죽이고 앉아 태극기를

복동교회는 소년 신후식의 정신적 고향이었다.

만들기 시작했다. 밝음과 순수, 평화를 상징하는 흰색 바탕에 음양의 조화를 나타내는 태극무늬가 그려지자 여기저기에서 탄식소리가 새어나왔다. 하늘과 땅, 물과 불을 의미하는 건곤감리(乾坤坎離)를 그려 넣으면서는 속울음을 쏟았다.

먼동이 트길 기다린 신경한과 신도들은 아침밥을 드는 둥 마는 둥 하고는 하나 둘씩 화목장터로 향했다. 검은색 두루마기를 단정하게 차려입은 신경한은 언제나처럼 꼿꼿한 자세로 위를 바라보며 성큼성큼 앞장을 섰다. 위를 바라보며 걷는 것은 그의 오랜 버릇이었다. 후식은 주체할 수 없는 벅찬 감정으로 아버지를 따라 나섰다. 동생 태식과 몇몇 아이들을 데리고 어른들의 뒤를 따랐다. 가슴에는 전날 만든 태극기를 품은 채였다. 그들이 도착했을 때, 화목장터에는 이미 많은 사람들이 운집해 있었다. 단상에선 누군가가 독립선언서를 낭독했다.

> 우리는 이에 우리 조선이 독립국임과 조선인이 자주적인 민족임을 선언하노라. 이로써 세계 만국에 알려 인류 평등의 큰 도의를 분명히 하는 바이며, 이로써 자손만대에 일러…….

잠잠히 듣고 있던 민중들 속에서 만세소리가 터져 나왔다. 신경한과 복동교회 교인들도 목이 터져라 대한독립만세를 외쳤다.

"대한독립만세!"

"대한독립만세!"

기미년 3월의 만세 운동은 독립을 쟁취하지 못해 결국 실패로 끝났지만 사람들의 마음에 엄청난 의식의 변화를 가져왔다. 민족의 자주와 자결과 자유라는 가치는 그 무엇과도 바꿀 수 없는 것임을 깨달은 것이다. 개화의 바람도 비껴갈 수가 없었다. 안덕에서 사설 강습소에 다니던 후식은 어느 날 머리를 짧게 자르고 집으로 돌아왔다. 일찍이 계성학교를 졸업하고 신식 교육을 받은 선생님이 나서서 긴 머리칼이 거추장스럽다며 전체 학생들을 모아놓고 자른 것이었다. 구태를 벗어버리고 새로운 문물을 적극적으로 받아들이자는 뜻이었다. 그러자 어디선가 훌쩍훌쩍 우는 소리가 들렸다. 태어나서 단 한 번도 머리카락을 잘라본 적 없는 아이들이었다. 그러니 우는 건 당연했다. 선생님은 그런 아이들을 향해 말했다.

"거추장스럽기 짝이 없던 머리카락을 잘랐다고 해서 울 필요는 없다. 너희들의 머리카락은 내일이면 또 자라니까."

선생님의 말에 후식은 손으로 제 머리카락을 쓸어보았다. 등까지 늘어졌던 머리카락이 없으니 어딘지 시원하면서도 허전한 느낌이었다. 하지만 이제 아침마다 긴 머리카락을 빗고 땋을 필요가 없어졌다는 생각에 기분은 한결 좋았다. 그러나 여전히 구습에 젖어 있던 마을 어른들은 혀를 끌끌 차며 못마땅해 했다.

"쯧쯧, 옛날부터 신체발부는 수지부모(身體髮膚 受之父母)라 캤는데……, 아무리 개화가 좋기로 저기 무슨 꼴이고."

3 신세계를 향하여

3월의 만세운동은 민중들의 삶을 더욱 팍팍하게 했으나 그들의 정신마저 억누를 수는 없었다. 상해에 있는 임시정부에서는 독립을 위한 외교활동과 더불어 무력저항도 준비하기 시작했다. 그리고 1920년, 만주에서 김좌진 장군이 이끄는 독립군부대가 봉오동과 청산리 전투에서 승리를 거뒀다는 소문도 들려왔다. 독립군의 승리 소식은 실의에 빠져 있던 우리 민족에게 한 가닥 희망을 안겨주었다. 그러나 독립군의 저항이 거세면 거셀수록 일제의 압박과 수탈도 심해져 갔다. 자연히 살림살이도 녹녹할 리 없었다.

10월인데도 산바람은 벌써 서늘했다. 학교에서 돌아온 후식은 책보를 풀었다. 마음이 답답해진 후식은 도리깨를 집어 들었다. 어머니와 함께 콩을 타작하기 위해서였다. 도리깨를 내리치자 탁, 탁, 소리가 났다. 그 소리에 맞춰 어머니는 콩대를 뒤집었다. 여름 내내 어머니와 후식은 농사에 매달렸다. 그러나 농약이나 비료가 없던 시절이라 노력에 비해 소출은 많지 않았다. 지난해에는 고추농사를 지었는데, 돌림병이 돌아 한 해 농사를 망치고 말았다. 식구들은 많은데다가 농사까지 흉년이었으니, 집안 형편이 좋을 리 없었다. 그러나 어머니는 어린 자식들 앞에서 얼굴을 찌푸리거나 화내는 법이 없었다. 또 자신은 덜 먹고 덜 입더라도 자식들에게는 좋은 것만 먹이고 입히기 위해 애썼다. 그런 어머니의 성품을 닮은 후식 또한 동생들에게 늘 양보하고 희생하는 형이자 오빠였다.

집안 어른들과 함께 돌아온 아버지가 후식과 어머니를 부른 것은 그 때였다. 그리고 전에 없이 밝은 목소리로 말했다.

"니도 장가갈 나이가 됐다. 내가 혼인할 처자를 보고 왔으니 그리 알아라."

아버지는 툭, 던지듯 한 마디를 내뱉고는 사랑채로 건너갔다. 신문물이 들어오기 시작했다 해도 아직 구습의 테두리에서 벗어나지 못하던 시절이었다. 그러니 자유연애는 고사하고 첫날밤을 맞을 때까지 결혼 상대자끼리는 얼굴도 모르는 경우가 많았다.

후식은 혼인이라는 말을 혼자 곰씹어보았다. 또래의 친구들 중에는 이미 아이 아버지가 된 이도 있었다. 하지만 자신은 아직 학생의 처지에 있지 않은가. 게다가 어린 동생들까지 돌봐야 하지 않는가. 그런 처지에 혼인이라니…. 그러나 집안 어른들의 혼인 준비를 달리 거부할 수도 없었다. 1922년, 그렇게 열일곱의 나이로 후식은 한살 어린 조차귀(趙且貴)와 결혼했다. 조차귀는 함안 조씨로 안덕의 감은동 사람이었다. 이제 한 집안의 장남이자 또 한 가정의 가장이 된 후식은 1923년 3월 안덕 사설 강습소를 졸업했다.

강습소 선생님은 유독 후식의 앞날을 걱정했다. 후식의 총명함을 썩혀서는 안 된다는 것이었다. 그러나 고인 물은 썩기 마련이니, 사람은 넓은 데로 나가서 배워야 한다는 것은 마침 아버지의 지론이기도 했다. 후식을 계성학교에 입학시키기로 했다며 준비하라고 말씀하신 분은 이번에도 다름 아닌 아버지였다. 아버지는 이미 대구에 나가 계성학교의 헨더슨(Harold H. Henderson) 교장까지 만나 조치를 취해 둔 뒤였다. 대구라는 아버지의 말에 후식은 귀가 번쩍 뜨였다. 그러나 후식은 기쁘면서도 걱정이 앞섰다. 집안사정이 어렵다는 걸 누구보다 잘 알기 때문이었다. 이런 형편에 학비며 생활비를 어떻게 감당한단 말인가. 게다가 청송에서 대구는 꽤 먼 거리가 아닌가. 내가 떠나면 아내와 가족들은 누가 돌보는가. 후식의 머릿속에는 여러 가지 생각들이 엉켜들었다. 그런 후식의 마음을 읽었는지 아버지가 헛기침을 두어 번 했다.

"집안일은 걱정할 필요없따. 니는 공부만 열심히 해라. 그라고 학비는 근로학생으로 들어가믄 걱정 안 해도 된다카더라."

며칠 뒤, 후식은 아버지를 따라 보현산(普賢山)을 넘었다. 아득한 산이었다. 마치 어머니의 품처럼 깊고 푸른 산이었다. 계성학교에 도착하니 핸더슨 교장 선생님이 기다리고 있었다.

"Boy's Academy에 온 걸 환영합니다."

당시에 선교사들은 계성학교를 Boy's Academy라고 불렀다. Girl's Academy인 이웃 신명학교와 구별하기 위함이었다. 핸더슨 교장이 후식의 손을 덥석 부여잡았다. 부드럽고 따듯한 손이었다. 그런데다가 핸더슨 교장은 후식에게 깍듯이 높임말을 썼다. 그것이 어색하기도 하고 신기하기도 해서 후식은 핸더슨 교장을 슬며시 올려다봤다. 핸더슨 교장의 모습은 노란머리에 흰 피부를 가진, 여느 선교사와 크게 다르지 않았다. 하지만 몸집이 워낙 커서 언뜻 거인이 아닐까, 하는 생각이 들 정도였다.

"예, 고맙습니더."

후식이 꾸벅 허리를 숙였다.

"반갑습니다. 나는 현거선이라고 합니다. 청송에서 여기까지 오느라고 힘들지는 않았습니까?"

현거선(玄居善)은 핸더슨의 한국이름이었다.

"하나도 힘 안들었습니더."

후식은 저도 모르게 시선을 창문 너머로 던지며 대답했다. 1924년 4월의 노곤한 햇살이 교정을 달구고 있었다. 그 햇살 속에 동구 밖까지 따라 나오던 어머니의 모습이 어른거렸다. 험한 노귀재를 넘느라 고단했던 마음도 되살아났다. 영천에서 처음으로 경편열차라는 것을 탔을 때는 아찔하니 현기증도 일었다.

"후식군은 장차 무엇이 되고 싶습니까?"

"목사가 되고 싶습니다."

"음, 훌륭한 생각이군요. 그런데 목사가 되고 싶은 이유는 무엇인가요?'

"돈 많이 벌어 부자가 되고 싶어서요."

"하하하!"

후식의 엉뚱한 대답에 핸더슨 교장은 파안대소를 하며 어깨를 두드렸다. 후식의 유쾌한 유머는 그의 타고난 재치이기도 했지만, 사실 그의 엉뚱한 대답 속에는 불확실하게만 전개되는 듯한 현실에 대한 불안한 심리가 담겨있었다.

아버지는 그사이 입학을 위한 행정 절차를 마치고 교장 선생에게 노동계약증을 내밀었다. 노동계약증이란 학생이 입학

한 날부터 졸업할 때까지 학교에서 필요로 하는 노동을 하겠다, 그렇게해서 번 돈으로 학비며 기숙사비를 내겠다는 일종의 근로계약서였다. 지금으로 말하면 가난한 학생들에게 공부할 기회를 제공하는 근로 장학 제도였다.

"이만 물러가 보겠심니더. 우리 아들 잘 부탁드립니더."

헨더슨 교장에게 노동계약증을 건네준 아버지가 돌아섰다. 후식도 함께 교장실을 나왔다.

교장실이 있는 아담스관을 나오자, 들어갈 때는 미처 보지 못했던 맥퍼슨관이 보였다. 그 앞에서 악대부원들이 연주회 연습을 하고 있었다. 그 모습을 보던 아버지가 잠시 걸음을 멈췄다.

"어떠노? 학교가 맘에 드나?"

아직 학교를 제대로 둘러 볼 틈도 없었지만, 이미 후식은 청송 산골에서는 상상도 하지 못하던 대구의 도회 분위기에 질려있었고, 한 번도 본 적이 없는 학교의 서양식 2층 건물에 넋을 뺏기고 있었다.

"저거는 아담스관이라카고, 저거는 맥퍼슨관이라 칸단다. 저 밑에 주춧돌들은 철거된 대구 읍성의 돌을 가져다 썼다 카드라. 대구 읍성은 수백 년이나 대구의 담장구실을 한긴데, 그런 돌들이 아무데나 내버려져 있었던 기라."

안타까운 듯 아버지가 마른 입맛을 다셨다.

기숙사는 아담스관으로 올라가는 길 남쪽과 북쪽에 나란히 서 있었다. 당시 남쪽 기숙사의 한 달 하숙비는 7원이었고 북쪽 기숙사는 4원이었다. 때문에 가정 형편이 어려운 학생들은 북쪽 기숙사에, 가정형편이 조금 나은 학생들은 남쪽 기숙사에 들어갔다. 후식의 아버지는 북쪽 기숙사의 사감에게 남쪽 기숙사와 북쪽 기숙사의 하숙비가 무엇 때문에 차이가 나느냐고 물었다. 왜냐하면 남쪽 기숙사든 북쪽 기숙사든 한 방에서 생활하는 학생의 수는 같았기 때문이었다. 사감은 당황한 표정을 짓더니 곧 친절하게 대답해주었다.

"그거야 형편에 따른 거지요. 형편이 넉넉해서 7원을 내면 쌀밥을 먹는 거고, 4원을 내면 조밥을 먹는 겁니다."

사감의 말에 후식이 아버지를 돌아봤다. 그리고 고개를 끄덕였다. 쌀밥과 조밥의 차이라면 굳이 비싼 남쪽 기숙사에 들어갈 이유가 없었다. 학교에서 노동학생에게 지급하는 보수는 한 시간에 10전 정도라고 했다. 적은 액수는 아니었지만 학비와 기숙사비 그리고 기타 잡비까지 마련하려면 한 푼이라도 아껴야 했다.

그날, 아버지는 청송으로 내려갔다. 그러나 말할 수 없는 아쉬움을 가득 남기고 떠나셨다. 텅빈 기숙사에 혼자 남은 후식은 두고온 보현산(普賢山)을 떠 올렸다. 아득한 산이었다. 마치 어머니의 품처럼 깊고 푸른 산이었다.

산의 형상이 마치 흰 코끼리를 탄 보현보살(普賢菩薩)을 닮았다고 해서 보현산(普賢山)이라 이름 지어졌다.

학생들의 노동관계 업무를 전담한 사람은 영어교사인 라이언이었다. 그는 학생들에게 하루 세 시간 정도의 노동을 허락했는데, 후식도 여느 노동학생들과 마찬가지로 운동장의 풀을 뽑거나 청소, 교장사택의 울타리 고치기, 채마밭 가꾸기, 묘목 옮겨심기 등의 일을 했다. 학교수업과 노동이라는 힘든 생활의 연속이었다. 하루 세 시간의 노동이라고 했지만 따로 공부할 시간도 없었다. 어느 때는 너무 피곤해서 수업시간에 아예 엎드려 잠을 자기도 했다. 하지만 후식은 반에서 1등을 놓치는 법이 없었다. 워낙 머리가 좋은 데다 성실함마저 갖추어 후식은 라이언 선생의 특별한 사랑을 받았다.

그러던 어느 날, 후식이 학교에서 청소를 하고 있을 때였다. 교문 쪽에서 올라오던 동기생을 통해 고향에서 손님이 찾아왔다는 소식을 전해 들었다. 고향에서 자신을 찾아올 사람이라면 아버지나 집안 어른들일 터였다. 그렇다면 혹시 집에 무슨 일이라도 생긴 건가, 하는 생각에 후식은 서둘러 교문 앞으로 뛰어갔다. 교문 앞에 서 있는 건 뜻밖에도 태식이었다. 태식은 어머니의 심부름으로 형에게 줄 떡을 가져온 길이라고 했다.

"여기까지 니 혼자서 우째 왔노?"

놀란 후식은 태식이 가져온 떡 보따리를 받아들며 물었다.

태식의 얼굴에는 은근히 자랑스러워하는 듯 미소가 번졌다.

후식은 그런 태식이 반갑고 대견스럽고 또 안쓰럽기도 했다. 고향 길의 높고 험한 노귀재가 떠올랐기 때문이었다. 후식은 그날 밤 태식을 자기 방에 재우며 여러가지 생각을 했다. 이렇게 그 먼 길을 찾아온 동생을 그냥 청송으로 돌려보낼 수는 없었다. 내려 보내서는 안 되겠다는 생각도 들었다.

'그렇다. 태식은 내가 공부를 시키자. 이 어린 동생을 고향 땅에서 썩힐 수는 없다.'

후식의 그런 의견에 대해 동생 태식은 뛸 듯이 기뻐했다. 마치 기다렸다는 듯했다.

"형, 사실은 나도 형처럼 이곳 대구에서 공부하고 싶었데이. 형만 허락하믄 나도 열심히 할끼다. 형 애 안 먹이고 열심히 할끼다. 형, 고맙데이."

후식의 간곡한 요청을 받은 라이언 선생과 헨더슨 교장은 태식을 교장 사택의 서기로 일하며 공부할 수 있게 해 주었다.

4 '부동산(不動山)' 같은 뚝심의 사나이

계성학교의 설립 취지는 기독교정신의 보급이었다. 그렇다 보니 학교에서는 성경을 정식 교과목으로 가르쳤고, 교훈도 "여호와를 경외함이 지식의 근본이니라"는 성경 구절로 삼았다. 같은 뜻의 '寅畏上帝智之本(인외상제지지본)'이라는 한자말은 교실마다 액자에 걸어두었다.

그 시절, 후식은 다른 급우들보다 나이가 많은 편에 속했다. 나이가 차서야 학교 공부를 시작했기 때문이었다. 그렇다보니 급우들은 후식을 큰형처럼 믿고 따르면서 장난도 곧잘 쳤다. 어느 날 점심시간이었다. 교실에 들어선 선생님에게 반 아이 하나가 빈 도시락을 들어 보였다.

"선생님, 제 도시락을 누가 훔쳐 먹었어요."

선생님이 미간에 주름을 잡았다.

"누구냐?"

교실 가운데자리에 앉았던 아이가 슬며시 후식을 가리켰다.

"후식이 친구의 도시락을 먹어치웠다고?"

의아해하면서도 선생님은 후식을 교탁 앞으로 불러냈다.

"정말 네가 도시락을 훔쳐 먹었니?"

선생님의 물음에 반 아이들 몇몇이 키득키득 웃었다. 후식을 골려주려고 한 짓이었는데, 선생님이 깜박 속아 넘어갔기 때문이었다. 그런 아이들을 슬쩍 치어다본 후식은 가만히 시선을 내리깔았다. 선생님께 대거리를 할 수도 없었거니와 동생 또래의 아이들이 장난삼아 한 일이란 걸 잘 알고 있었기 때문이었다.

"잘못을 인정하는 거냐? 그럼 너는 오늘부터 일주일간 화장실 청소당번이다."

선생님이 서류철을 덮으며 말했다. 후식은 그저 예, 하고 돌아섰다.

어느 날은 아이들 중 하나가 제 물건을 슬쩍 치워두고는 선생님을 찾아갔다.

"선생님, 후식이가 제 물건을 가져갔어요."

그러면 선생님들은 으레 후식에게 화장실청소를 시켰다. 후식은 발뺌하지도 않고 묵묵히 화장실청소를 했다. 어떤 때는

그는 천문반 그리고 수영반 등에서
누구보다 활발한 학창생활을 보냈다.

오히려 급우들을 편들어주기까지 했다. 장난도 손발이 맞아야 재미있는 법인데, 워낙 후식이 반응을 보이지 않으니 아이들도 재미있을 리 없었다. 나중에는 급우들도 시시해져서 아예 후식에게 장난칠 생각을 하지 않았다.

이 뿐만이 아니었다. 체육시간에 후식은 다른 아이들보다 나이가 많고 기운이 세다는 이유로 아래에서 받쳐주는 역할을, 뜀틀 뛰기를 할 때는 뜀틀의 역할을 맡았다. 당연히 급우들은 후식의 어깨를 밟고 올라서거나 등을 짚고 넘었다. 어떤 때는 후식보다 훨씬 덩치가 큰 아이가 후식의 어깨 위에 올라서기도 했다. 그러나 후식은 쓰러지지 않고 굳건히 제자리를 지켰다. 위에 올라섰던 아이들이 와르르 무너져도 마찬가지였다. 그런 후식에게 급우들은 놀라움 반 부러움 반으로 '부동산'(不動山)이라는 별명을 붙여주었다. 부동산이란 어떠한 일이 있어도 움직이지 않는 산이라는 뜻이었다. 자신을 부동산이라고 부르는 급우들을 보며 후식은 빙그레 웃었다.

외유내강(外柔內剛)! 겉으로는 부드럽지만 어떤 일이 있어도 흔들리지 않는 분명한 자아를 확립해야겠다는 다짐을 그는 「우리가 당하는 겨울」[1]이라는 글에서 명쾌히 표현해 내고 있

1) 신후식, 「우리가 당하는 겨울」 『계성』 창간호, 1928년 7월 21일. 50-51쪽. 저자에 의해 옛 표현의 일부가 현대식으로 바뀌었다.

었다. 급우들과 웃고 장난치는 가운데서도 그의 정신세계는 이미 시대를 읽어낼 줄 아는 민족의식으로 꽉 차있었던 것이다.

노란 국화와 아름다운 단풍으로 물든 늦가을이 지난 뒤에 찾아오는 것은 쓸쓸한 겨울이다. 밤새도록 내려붓는 하얀 눈은 넓은 세상을 온통 은세계로 만든다. 온 시가지의 무수한 집들은 하얀색 궁전으로 변해 기분이 쾌청하고 상쾌해지니 풍류를 즐기는 시인들에게는 놀기 좋은 기회가 된다. 그러나 우리는 흰 눈이 세상을 덮어 기분이 새로워짐보다도, 취흥이 솟아나오는 것보다도, 먼저 맹렬한 역풍에 가슴이 쓰리게 됨을 느끼게 된다. 북풍이 세차게 지날 때 고목과 같은 운명을 당하는 동포가 얼마나 많은가? 눈보라가 사정없이 휘날릴 때 가여운 목숨을 허공에 던지게 되는 형제가 얼마나 되는가? 고목에 부딪혀 지나는 바람소리가 의탁할 곳 없는 동포의 최후를 고하는 악마의 소리같이 들린다. 가난에 찌든 우리에게 흰 눈은 낭패요, 미약한 생명에게 모진 바람은 원수로다. 뜰 앞에 오동이 가을을 고할 때 제비는 강남을 찾고, 뱀도 동굴을 찾아 엄동의 긴 겨울을 준비하거늘 우리는 이 한 몸 눌 자리도 없어 길 가에서 방황하는 비참한 광경을 이루고 있다. 설사 한 칸 초옥을 가졌다 하더라도 보아라! 저 오막살이 집 굴뚝에서 가늘고 힘없이 나오는 저녁연기를. 그것은 저녁죽을 끓이는 연기가 아니라 목숨을 태우는 화장장의 연기처럼 보인다. 겨울은 깊어간다. 바람은 더욱 차다. 백설 위에서 울고 부르는 우리 동무들아. 우리의 겨울은 남과 같지 아니하니 어찌 겨울을 지낼까?

아! 이상과 현실. 이것이 우리 인생을 심히 괴롭게 하는 큰 문제로구나. 우리의 마음은 비록 이상의 광명한 천지에서 뛰놀지마는 우리의 육체는 현실의 암흑한 진흙 가운데서 헤맬 것이다. 그러나 현실이 없는 곳에는 이상이 없는 법. 우리는 현실이라는 진흙을 통과하여야 이상의 광명한 세계에 이르게 된다. 봄의 하늘을 가벼이 날아다니는 나비를 보라. 이것도 역시 애벌레라는 추한 시대를 통과하였던 것이다. 아, 이상과 현실. 이는 영원히 뗄 수 없는 인연이 있다. 고금성현의 번민이 이것이다. 더구나 우리 조선사회에 있어 더구나 경제의 탄압을 받는 우리 프로 청년이야말로 번민 속에 있으며 현실의 비참을 탄식치 아니할 수 없을 것이다.

그러나 청년이여! 우리는 현실을 탄식치 말고 오직 이상을 목표로 달음질 하자. 그리고 천만의 악마가 우리의 앞길을 방해할지라도 목적을 변치 말고 나아가서 이 더러운 현실을 초월하여 이상의 광명한 세계로 나아가자.

1929년 3월 8일, 계성학교를 우수한 성적으로 졸업한 후식은 평양에 있는 숭실전문학교로 진학했다. 그해 11월 3일, 광주에서는 큰 사건이 벌어졌다. 광주에서 나주로 가는 통학열차 안에서 일본인 중학생이 조선인 여학생들을 희롱한 것이

광주학생운동의 발단이 된 박기옥과 그의 사촌 동생 박준채.

사건의 발단이었다. 평소 일본인 학생들로부터 멸시를 당해오던 조선인 학생들은 때마침 그 광경을 목격하자 격분한 나머지 나주역에서 일본인 학생들과 패싸움을 벌였다. 결국 이 사건은 일파만파로 커져 일제의 횡포와 억압에 대한 분노가 터져 나오는 계기가 되었다. 광주에서 시작된 학생독립운동이 전국적으로 확대된 것이다. 3·1 운동 이후 최대의 독립운동이 된 이 광주학생운동에 숭실전문학교의 학생들도 즉각 동참하자는 반응이 일어났다.

"우리 조선인 학생들을 업신여기더니, 이젠 우리의 여학생까지 희롱했다고? 그건 우리 민족을 얕잡아보고 한 짓이 틀림없어. 그러니 우리 모두 이 민족해방운동에 동참해야 해."

누군가 비분강개하여 외치는 그 목소리에 여기저기서 찬성한다는 의견이 쏟아졌다. 곧이어 학생들에게 등사된 격문과 태극기가 전해졌다. 격문에는 검속된 광주학생 동지를 즉시 탈환하라, 식민지노예교육을 반대하라는 등 제국주의 침략에 대한 투쟁으로써 광주학생운동을 지지 성원하라는 내용을 담고 있었다. 그 격문과 태극기를 보며 후식은 고향에 남아있는 여동생들을 생각했다. 광주에서 희롱을 당했다는 이름 모를 여학생과 얼굴이 교차되어 떠올랐다. 자신의 동생과도 같은 여학생이 수모를 당했다는 생각을 하니 피가 거꾸로 치솟아

오르는 듯했다. 또 한편으로는 나라를 잃은 설움에 울컥, 목도 메어왔다. 그때 곁에 있던 누군가가 조용한 목소리로 시를 낭송하기 시작했다.

지금은 남의 땅 - 빼앗긴 들에도 봄은 오는가?

나는 온몸에 햇살을 받고
푸른 하늘 푸른 들이 맞붙은 곳으로
가르마 같은 논길을 따라 꿈 속을 가듯 걸어만 간다.

입술을 다문 하늘아, 들아
내 맘에는 나 혼자 온 것 같지를 않구나!
네가 끌었느냐, 누가 부르더냐, 답답워라. 말을 해 다오.

바람은 내 귀에 속삭이며
한 자국도 섰지 마라 옷자락을 흔들고,
종다리는 울타리 너머 아씨같이 구름 뒤에서 반갑다 웃네.

고맙게 잘 자란 보리밭아,
간밤 자정이 넘어 내리던 고운 비로
너는 삼단 같은 머리를 감았구나, 내 머리조차 가뿐하다.

혼자라도 가쁘게나 가자.

마른 논을 안고 도는 착한 도랑이
젖먹이 달래는 노래를 하고, 제 혼자 어깨춤만 추고 가네.

나비 제비야 깝치지 마라.
맨드라미 들마꽃에도 인사를 해야지.
아주까리기름을 바른 이가 지심 매던 그 들이라 다 보고 싶다.

내 손에 호미를 쥐어 다오.
살진 젖가슴과 같은 부드러운 이 흙을
발목이 시도록 밟아도 보고, 좋은 땀조차 흘리고 싶다.

강가에 나온 아이와 같이
짬도 모르고 끝도 없이 닫는 내 혼아
무엇을 찾느냐 어디로 가느냐 웃어웁다 답을 하려무나.

나는 온몸에 풋내를 띠고,
푸른 웃음 푸른 설움이 어우러진 사이로
다리를 절며 하루를 걷는다. 아마도 봄 신령이 지폈나 보다.

그러나 지금은 들을 빼앗겨 봄조차 빼앗기겠네.

몇 년 전 〈개벽〉지에 발표되어 학생들에게는 애송시가 되어 버린 이상화의 「빼앗긴 들에도 봄은 오는가」였다. 갑자기 주변에 정적이 흐르는가 싶더니 모두들 귀를 기울이고 있었다.

그러나 "……지금은 들을 빼앗겨 봄조차 빼앗기겠네"라는 마지막 연에 이르니 이미 낭독하는 이의 목소리는 울먹임으로 변했고, 학생들은 너나 할 것 없이 통곡을 했다. 제 감정을 주체하지 못해 격앙된 소리를 지르는 학생도 있었다. 그들 틈에서 후식은 조용히 기도를 드리기 시작했다. 목소리를 높인다거나 통곡을 한다고 해서 달라질 것은 없었기 때문이었다.

예정된 1929년 12월 23일, 숭실전문학교의 학생들은 학교 정문에서 시위를 벌였다. 대한 독립과 일제타도를 외치는 소리가 들리자마자 일경은 기다렸다는 듯이 즉각 학교를 봉쇄했다. 그리고 시위에 참여한 학생들을 모조리 잡아들였다. 그들 가운데에는 후식도 포함되어 있었다.

'내 나라에서 내 민족을 위해 만세를 부른 게 무슨 잘못이란 말인가. 오히려 죄는 내 나라를 빼앗은 저들에게 있지 않은가. 그런데도 지금 우리는 죄인이 되어 형무소로 가고 있다. 어찌 이럴 수 있단 말인가.'

형무소에 가는 것은 두렵지 않았다. 그러나 고향의 부모님이나 가족들을 생각하니 마음부터 무거워져 왔다. 평양형무소에서의 생활은 견디기 힘들었다. 난생 처음 해보는 형무소 생활인데다가 일본형사가 주모자를 밝혀낼 속셈으로 학생들을 윽박질러댔기 때문이었다.

"선동한 자가 누구냐? 이름을 대라. 그러면 당장이라도 석방해 주마."

후식이 그들의 말에 대답할 리 없었다. 그러자 일본형사는 뺨을 때리는 것에서 시작해 채찍까지 휘두르며 후식을 위협했다. 하지만 그것으로 '부동산' 같은 후식의 뚝심을 꺾을 수는 없었다. 워낙에 성격도 낙천적이었지만, 하나님을 믿고 의지하던 후식은 두려울 게 없었다. 괴로움과 두려움을 견디어내는 그의 신음소리는 오히려 성경 말씀이었다. '여호와는 나의 목자시니 내게 부족함이 없으리로다…….'

후식의 그러한 믿음과 기도 덕분이었을까. 1930년 2월, 후식은 평양형무소에서 풀려났다. 일제가 자신들의 개천절로 삼고있는 기원절을 기념해 만세운동에 참가했던 학생들을 사면해주었던 것이다.

5 불쌍히 여기는 마음

평양 형무소의 수감 생활과 숭실에서의 배움은 후식의 삶을 결정하는 계기가 되었다. 민족과 나라의 장래에 대한 올곧은 생각은 이미 계성학교 시절부터 다져왔던 터였다. 그리고 숭실에서 학생운동을 하다가 겪은 고초를 통해 정의란 무엇인지 고민하게 되었다. 형무소에서 고통을 당하는 중에는 기도의 기적도 체험했다. 초월적인 존재이신 하나님께서 역사를 주관하신다면 이 세상에는 분명히 그 분의 뜻이 있으리라 믿었다.

그리고 후식에게는 누구보다도 타고난 선량한 성품이 있었다. 작은 일에도 마음 쓰는 법이 남과 달랐다. 무엇보다도 남이 당하는 아픔을 자신의 아픔인양 '불쌍히 여기는 마음'이 있었다. 계성학교 시절에는 가장 가깝게 지내던 친구를 먼저 저 세상으로 보내고 슬픔을 이기지 못해 고통스러워 한 적이 있었다. 죽음이 그리 멀리 있지 않다는 것을 깨닫고 「회구(懷舊)의 빗소리」[2]라는 시를 발표한 적이 있다. '불쌍히 여기는 마음'은 그의 삶을 온화함으로 만들어 준 계기가 되었고, 그의 삶을 보다 진중하게 이끌어준 원동력이 되었다.

회구(懷舊)의 빗소리

창 앞에 실비 소리 처량하더니
오늘도 창 앞에 실실 내리는 비
그대를 찾는 나를 기어이 울게 합니다.
황천(黃泉)의 길이 얼마나 멀기에
한번 간 그대는 못 돌아옵니까?
떠나는 그날에 내리던 실비는
그대가 뿌리고 간 눈물이었었지요!
오늘도 실비가 실실 뿌리니
어데서 그대가 또 눈물 지우는가 합니다.

후식은 방학을 맞으면 세상 구경을 나갔다. 전도대를 조직

2) 신후식, 「회구(懷舊)의 빗소리」 『계성』 창간호, 1928년 7월 21일. 55-56쪽. 저자에 의해 옛 표현의 일부가 현대식으로 바뀌었다.

해 전국각지로 전도활동을 하러 다녔다. 특히 두메산골로 갈 때가 많았는데, 그런 곳에는 아직 개화의 물결이 미치지 못해 낡은 풍습에 의지하며 살아가는 사람들이 많았다. 뿐만 아니라 일제의 수탈로 말미암아 피폐해진 농민들의 살림살이는 끝이 보이지 않았다. 살아가기가 어려운 만큼 그들의 인심 또한 사나워졌다. 그런 판에 기독교니 하나님이니 하는 것에는 관심있을 리가 없었다. 몸이 아프면 무당을 찾아가고, 바라는 것이 있으면 성황당에 가서 빌던 사람들에게 기독교는 우선 배척해야 할 오랑캐의 종교일 뿐이었다. 그러니 전도대를 바라보는 마을 사람들의 시선 또한 고울 리 없었다.

"우리 마을에 예수꾼가 뭔가 하는 서양귀신 붙은 학생들이 왔다며?"

"배울 만큼 배운 학생들이 뭣 때문에 서양귀신을 믿어가지고 쯧쯧, 말세야, 말세."

신여성들이 짧은 치마를 입고, 하이칼라 신사들이 활보하는 도시와는 달리 아직도 상투를 틀고 앉아 있던 사람들이었다. 그런 그들에게 기독교를 전파하러온 전도대는 한낱 귀찮은 존재일 뿐이었다. 하지만 후식을 비롯한 숭실 전도대는 아랑곳하지 않았다. 오히려 두 팔을 걷어붙이고 바쁜 마을 사람들의

숭실전문학교 하계전도 대원시절.

농사일을 거들기 시작했다. 똥지게도 서슴없이 져다 날랐다. 농사일에 바쁜 부모를 대신해 아이들도 돌보았다. 또한 그들에게 읽고 쓰는 법은 물론 찬송가나 동요도 가르쳐주었다.

그러던 어느 날의 해질녘이었다.

"선상님요, 선상님요!"

막 들일을 끝내고 오던 후식을 촌로가 불러 세웠다.

"어르신, 부르셨습니까?"

"선상님이 마을 아이들한테 글을 갈쳐주는 분 맞지요?"

"예, 어르신."

후식의 대답에 촌로는 얼른 속주머니에서 꼬깃꼬깃한 종이 한 장을 꺼냈다.

"선상님은 글을 아시니, 이거 쪼매 봐 주이소. 이거 외지에 가 있는 우리 아들이 발써 보내온 편진데, 내가 글을 읽을 줄 몰라서……."

덥석 후식의 손부터 잡은 촌로는 눈물을 글썽였다. 한국인들의 문맹률이 대단히 높던 때였다. 글을 몰라서 일제가 시키는 대로 하고도 욕을 먹는가 하면, 먼 데 사는 친척이 편지를 보내와도 읽지 못했다. 그런 마을 사람들과 아이들에게 전도대원들은 부모이자 스승이면서 자상한 형의 역할까지 하며 하나님의 말씀을 전했다.

그러자 마을 사람들이 조금씩 전도대에 호감을 보이기 시작했다. 지성이면 감천이라더니 그들의 태도도 달라졌다. 생활 속에서 청결함을 유지하고, 이웃 간에 정직함으로 신뢰를 갖도록 하고, 성실함과 부지런함으로 내일의 삶을 준비토록 하는 것이 곧 복음을 전하는 일이었다. 싸움과 놀음과 술주정이 끊이지 않던 동네에서 예수가 누구인지 궁금해 하는 사람들이 차츰 생겨나기 시작한 것이다.

이런 삶의 현장을 몸으로 체험한 후식이 졸업에 즈음하여 목회자의 길을 가기로 결심한 것은 당연한 일이었다. 정의로운 마음, 불쌍히 여기는 마음, 그리고 창조주 하나님이 역사를 주관한다는 강력한 믿음이 이끌어 낸 자연스런 결과였다. 1933년 3월, 숭실전문학교를 졸업한 후신은 평양신학교로 진학했다. 신학이 무엇인지, 그리고 목회란 무엇인지 철저히 공부하고 깨닫는 시간이었다. 더구나 목회자가 되는 준비과정으로서의 신학수업은 남다른 사명감을 필요로 하는 것이었다. 실제로 후식은 4년 동안 신학수업 뿐만 아니라 인생수업도 함께 했다. 무엇보다도 식구가 크게 늘었다. 결혼한 지 10년 동안 고향에서 홀로 시집생활을 하던 아내를 더 이상 혼자 둘 수는 없었기 때문이다. 가정생활을 하면서 공부를 한다는 것은 쉬운 일이 아니었다. 더구나 여동생 연식까지 평양으로 데려와 한 식구가 된 것이다. 연식은 후식이 특별히 아끼고 사랑하

공부에 대한 신후식의 집념은 누구도 말릴 수 없었다.

던 여동생이었지만, 원체 건강치 못해 화목에 있는 학교까지 20리나 되는 먼 길을 걸어 혼자 다니는 게 늘 마음에 걸렸었다. 맏아들로서, 그리고 한 가정의 가장으로서의 책임과 의무가 적지 않았다.

후식은 평양신학교의 학생이기도 했지만 밤에는 숭실중학교의 기숙사 사감으로 일했다. 당시 숭실 중학교에는 지방에서 올라온 학생들이 많았다. 그들 중에는 집이 가난해서 식비를 제때에 내지 못하는 학생도 있었고, 기숙사비를 내지 못해 쫓겨날 처지에 놓인 학생도 있었다. 후식은 그런 학생들을 모두 자기 집으로 데려왔다. 자신도 어려운 처지에 있었지만 자신보다 더 열악한 환경에 놓인 학생들을 보고만 있을 수가 없었던 것이다. 단칸방의 집은 언제나 갈데 없는 학생들의 임시거쳐였던 셈이다. 이런 생활이 가능했던 것은 아내의 이해였다. 아내는 남편이 하는 일에 언제나 후원자였다. 가정생활의 책임은 언제나 아내였기에 잠시도 가난을 면할 날은 없었지만 언제나 일은 넘쳤다. 아내는 한 번도 고생스럽다고 탓하지 않았다. 오히려 고향집에 얼마간의 생활비도 보냈다. 학생으로서, 직장인으로서, 가장으로서, 그리고 집안의 장남으로서 책임과 의무는 적지 않았다. 그러나 후식은 언제나 웃는 얼굴이었다. 호탕한 성격과 유머는 언제나 가족이나 주위 사람들을 즐겁게 했다. 그러나 자신에게만은 언제나 철저하고 엄격한

평양신학교 학생이면서 숭실중학교 기숙사 사감이기도 했다.

사람이었다.

1936년 평양신학교를 졸업한 후식은 대구로 돌아와 경북노회에서 안수를 받고 드디어 목사가 되었다. 오래 전부터 목표로 삼고 준비해 온 일이었다. 그리고 모교인 계성학교의 교목이 되었다. 그러나 마치 지금까지의 고생은 아무것도 아니라는 듯 험한 가시밭길이 기다리고 있었다. 교회에 대한 일제의 탄압이 노골적으로 행해지기 시작한 것이다.

1939년 9월, 경북 노회장을 맡고 있던 신후식 목사는 신의주에서 열린 조선예수교 장로회 제 28회 총회에서 〈국민정신 총동원 조선예수교 장로회 총회연맹〉을 결성하였다는 통보를 받았다. 교회가 일제의 충성스런 일꾼이 되겠다는 내용의 결의문마저 발표되었다고 했다. 교회를 정치적 억압의 도구로 활용하겠다는 일제의 속셈이 실현되고 만 것이다.

'하느님을 섬기는 교회가 일제의 종노릇을 하게 되다니…….'

피할 수 없는 시련이었다. 선택의 기로에 놓인 교회는 분열이 시작되었다. 그러나 선택의 폭은 크지 않았다. 이런 결의에 동조하지 않으면 즉각 교회 폐쇄라는 조치가 취해졌기 때문이었다. 더구나 노회장의 경우에는 자동적으로 친일조직인 〈국민정신 총동원 조선예수교 장로회 총회연맹〉에 속하도록 되어 있었던 것이다. 신후식 목사는 긴 한숨을 내쉬었다.

'어쩌다 내 나라 내 민족이 일제의 식민치하에 놓여 이런 수모를 당하고 있는가. 이제는 하나님의 자녀인 기독교인들마저 그들에게 충성을 맹세해야하다니!'

생각할수록 가슴만 무거워져 왔다. 백성들의 살림살이는 날로 곤궁해져 갔다. 보릿고개에는 먹을 것이 없어 나무뿌리나 풀 등으로 연명해나갈 정도였다. 견디다 못해 화전민이 되기 위해 산 속으로 들어가거나 유랑민이 되어 각지를 떠도는 사람들이 급증했다. 이러한 처지에서 교회도 표류하기 시작했다. 일제는 계속해서 나라를 위한다는 명목으로 헌금을 강제했기 때문이다. 참으로 고난의 시기였다. 어디로 가야할까? 이웃을 불쌍히 여기던 그의 마음은 백성에게로, 그리고 드디어는 인간에게로 향하기 시작했다.

6 아픈 세월들

중일전쟁을 일으킨 일제는 일본과 조선은 하나라며 '내선일체(內鮮一體)'를 내세워 황국신민서사(皇國臣民誓詞)를 강제로 암송하게 했다. 조선인들이 일본 제국의 신민(臣民)으로서 천황에게 충성을 하겠다는 내용이었다. 신사참배도 강요했다. 조선어교육마저 금지한다는 명령이 내려져 학교에서는 수업시간 뿐만 아니라 예배시간에도 일본어를 써야 했다. 우리 민족을 말살하려는 정책이었다. 하지만 계성은 이러한 정책에 대해 저항했다. 수업뿐만 아니라 예배시간의 설교도 한국말을 고집했다.

일제가 가만히 보고 있을 리가 없었다. 눈엣가시처럼 여기던 헨더슨 교장에게 강제 출국 명령을 내린 것이다. 쫓겨나는

계성학교에서 성경을 가르치며 영천교회의 사경회를 인도했다.

신세가 된 헨더슨 교장은 신후식 목사를 특별히 아꼈던 분이었다. 학창시절에는 가장 존경하던 스승이었다. 그는 떠나기 전까지도 정의와 자유주의 그리고 어린 새끼를 강하게 단련시키는 '독수리 정신'을 강조했다. 예스라고 말하기는 쉬우나 노라고 말하기는 어렵다, 그러나 노라고 말할 때는 떳떳하게 노라고 말할 수 있는 사람이 되라는 당부를 잊지 않았다. 그런 분이 떠나게 되었으니 후식으로서는 커다란 상실이었다. 그동안 계성의 버팀목으로, 그리고 자신의 든든한 후원자로 있던 분이 떠나게 되자 망연자실할 수밖에 없었다

헨더슨 교장이 떠나자 학교의 분위기는 예전과 사뭇 달라졌다. 교사들은 각반을 두르고 군도를 찼으며, 학생들은 정규수업 외에 교련이라는 군사훈련을 받았다. 학교에서 우리말을 쓰던 학생에게는 아예 퇴학 조치가 내려졌다. 그 와중에도 후식은 우리말과 우리글로 수업을 진행했다. 후식으로서도 이제는 더 이상 물러설 곳이 없었던 것이다. 학생들에게 우리의 역사와 상해임시정부의 활동, 미국을 비롯한 세계 여러 나라의 실정에 대해서도 알려주었다. 이 민족이 살아남을 수 있는 길은 시대를 이해하는 교육이라고 생각했기 때문이었다.

드디어 올 것이 왔다. 막 수업을 끝내고 돌아온 후식을 교장 선생이 불렀다. 핸더슨의 후임으로 가네꼬라는 일본 이름을

가진 김석영 교장이었다.

"신 목사님, 조선어로 수업을 하면 안 된다는 걸 모릅니까?"

"우리가 우리말로 수업하는 게 잘못입니까?"

후식이 교장의 말을 되받았다. 그러자 교장의 얼굴이 일그러졌다.

"대일본제국의 교육정책을 위반한 자는 교단에 설 수 없다는 걸 잊은 건 아니겠지요?"

며칠 뒤, 교장은 학교에서 성경과목을 폐지시켰다. 계성의 설립정신이 무너지는 순간이었다. 동산에 울려 퍼지던 찬송가도 들을 수 없었다. 후식은 결국 학교를 떠나야 했다. 끝이 아니라 아픈 세월의 시작이었다.

무엇이 그리도 급했던 것일까? 1944년 4월, 어린 아들 넷을 남겨두고 병약한 아내 조차귀 여사마저 세상을 떠났다. 어린 나이에 시집 와 고된 시집살이로 고생만 하다 부부된 행복이 무엇인지 채 알기도 전에 떠났다. 아내가 떠나자 그 빈자리는 너무나 컸다. 노부모님과 동생들, 그리고 어린 네 아들 은희, 영희, 동희, 세희에게 아내의 존재는 절대적이었던 것이다. 후식에게 일이 손에 잡힐 리 없었다. 부모님과 집안 어른들은 후식의 재혼을 서둘렀고 집에는 중매쟁이가 들락거렸지만, 가난한 집안의 장남인데다가 아이들까지 넷이나 딸린 후식에게 선뜻 시집오겠다는 여자는 없었다. 하나님의 예정함이 있었던 것일까? 서봉숙 여사를 만나게 된 것은 집회 인도 차 신후식이 영천교회를 방문했을 때였다. 그녀는 영천교회 서만달 장로의 동생으로 당시 시골에서는 보기 드문 신여성이었다. 1911년에 경북 영천에서 태어난 봉숙은 현재 성신여자대학의 전신인 서울 태화여학교를 졸업하고 평양 감리교 여자 신학교로 진학하였다. 그러나 일제의 탄압으로 학교가 폐교되는 바람에 서울로 돌아와 미술공부에 뜻을 두고 서울기예학교를 졸업하였다. 그 때 이미 봉숙은 심훈의 『상록수』를 접하고 주인공 채영신처럼 살겠다는 의지를 다지며 농촌 마을에서 봉사와 계몽을 실천하고 있었던 것이다.

두 사람은 첫 만남의 자리에서 몇 마디 이야기를 나누었을 뿐이지만, 신후식은 서봉숙의 여성다움에 크게 끌렸다. 그러나 무엇보다도 신후식을 감동시킨 것은 그녀가 신여성으로서 도회의 화려한 삶을 꿈꾸기보다 이런 골짜기에서 계몽활동을 하고 있다는 사실이었다. 또한 서봉숙은 신후식의 진중함 속에 사려가 분명함을 읽어내기에 충분했다. 또한 좌중을 사로잡는 유머에서는 인간미가 넘쳐흘렀다. 두 사람의 만남은 운명이었다. 두 사람이 힘을 합하면 지금의 자리가 반석이 되리라는 확신이 섰다. 자신의 선교사업과 민족운동의 숙원을 신목사를 통해 이루기로 마음을 굳힌 봉숙은 결혼을 결심하기까지 긴

아내 서봉숙 여사와 함께.

시간이 필요하지 않았다. 봉숙이 지고 가야할 무거운 짐을 걱정하며 만류하던 가족들도 결국 봉숙의 의지를 꺾을 수 없었다. 며칠 뒤, 영천교회에서는 결혼축가가 울려 퍼졌다.

학교를 그만 두고 대구대신교회에서 목회를 하고 있던 1944년 10월 2일 산들바람이 가을을 실어 오는 포근한 날씨의 평온한 하루였다. 후식은 이 모든 자연의 아름다움을 주관하시는 하나님께 감사하며 걸음을 옮기고 있었다. 그러나 새로운 가정을 허락하신 하나님의 축복을 질투라도 한 것이었을까? 그때 어디선가 나타난 헌병대원들이 다짜고짜 후식의 옆구리를 걷어찼다. 난데없는 습격에 후식은 바닥으로 고꾸라졌다.

"데려가!"

어디선가 날선 음성이 들려왔다. 그와 동시에 후식은 진해헌병대로 끌려갔다. 아무런 영문도 모른 채였다. 당시 진해 헌병대는 길가는 조선인들을 마구 잡아들여 고문하기로 유명한 곳이었다. 또한 고문방법도 악랄해서 많은 한국인들이 억울한 죽임을 당한 곳이었다.

"신후식, 네가 장천실에게 반일사상을 주입시킨 주범이지?"

장천실은 계성학교에 31회로 입학해 1944년 3월에 졸업한 후식의 제자였다. 수업시간이면 자주 일제치하에 놓인 우리 민족의 현실에 대해 자괴감과 분노를 표출하던 그의 모습이 떠올랐다. 순간, 무언가 잘못되었다는 걸 안 후식이 헌병대원을 올려다봤다. 후식의 뺨을 후려치는 날카로운 손길이 느껴졌다.

"네가 학생들에게 항일을 하도록 선동하고 부추겼다는 증거가 있어. 그러니 발뺌하지 말고 바른대로 말해!"

헌병대원이 일본도로 후식의 목을 내리치는 시늉을 했다. 아찔해진 후식이 눈을 감았다. 계성동산의 모습과 학생들의 모습이 차례대로 펼쳐졌다.

"나는 그저 목사로서 성경의 진리를 가르친 죄밖에 없소."

"목사? 내가 그런 술수에 넘어갈 줄 아나!"

조장으로 보이는 자가 버럭 소리를 지르며 고개 짓을 하자 헌병대원들이 달려들어 후식을 거꾸로 매달았다. 그리고 무조건 자백하라며 매질을 해대기 시작했다. 고통을 견디지 못해 기절하면 찬물을 끼얹어서 깨우곤 다시 취조를 시작했다. 그렇게 시작된 취조는 손톱 밑에 뾰족한 막대 쑤셔 넣기, 잠 안 재우기, 코로 고춧가루가 들어간 물 먹이기, 주리 틀기, 물고문, 전기고문으로 이어졌다. 죽음이 눈앞에 찾아 온 듯 정신이 희미해졌다. 벌써 며칠 째인가 아득한 어둠 속으로 깊이 가라앉기를 몇 번째 되풀이하고 있었다. 이미 평양 형무소에서 옥살이를 해 본 적이 있었지만 인간으로는 참으로 견디기 어려운 고문이었다.

옆방에는 박태준, 손계술, 이태환 선생과 일곱 명의 학생들도 체포되어 있다는 사실도 알게 되었다.

"신후식, 함께 반역을 꾀한 자들이 누군지 말해."

이미 고문에 지칠 대로 지친 후식에게 헌병대원의 고함 소리는 아득히 들려왔다. 도리질을 하고 사실이 아니라고 항변을 해도 소용없는 일이었다. 헌병대원들은 체포된 어린 제자들과 계성학교의 선생님들을 따로 가둬두고는 한 명씩 불러내 번갈아가며 고문을 해댔다. 그들의 비명소리에 후식의 가슴은 갈갈이 찢어졌다. 그러나 자신도 고문을 당하는 처지인데다가 갇힌 몸이라 도와줄 수도, 만류할 수도 없었다. 안타깝기 그지없어 눈물만 흘렸다. 너무나 끔찍하고 고통스러운 나날이었다. 아침마다 고문을 견디지 못하고 죽은 시체들이 실려 나가는 모습을 후식은 쳐다만 보고 있어야 했다.

다음해 1월, 후식은 진해 헌병대에서 부산 검사국으로 이송되었다. 그곳에서 후식은 치안유지법, 군기보호법, 조선임시보안령 등을 위반했다는 죄목으로 사실심리를 받았다. 2월이 되자 다른 사람들은 석방되었지만 후식과 장천실은 부산형무소에 구금되고 말았다. 부산형무소에서의 고생은 말할 수 없을 정도였다. 진해 헌병대에서 당한 고문으로 몸은 상처투성이인데다가 피부병까지 올라서 보기에도 흉측했다. 간수들마저 후식을 '문둥이'라고 놀리며 인간대접을 하지 않았던 것이다. 신후식은 어쩌면 자신이 살아남지 못할 거라는 생각까지 하게 되었다. 차라리 죽는 게 나을지도 모른다는 생각을 했다. 목사인 자신이 죽는다는 건 오히려 주님께 영광이다, 죽을 각오가 되었는가, 하고 자신에게 반문해보기도 했다. 그렇게 마음을 내려놓자 기적처럼 고통과 고문에 대한 공포가 사라지기 시작했다. 위로받고 의지할 곳은 예수밖에 없었다. 아무런 죄도 없이 십자가에 매달려 죽어갔던 예수와의 은밀한 대화가 시작된 것이다. 몸은 고통스러웠지만 마음에는 평안이 찾아왔다.

동생 태식이 부산형무소로 면회를 왔다. 깡마른데다가 병마와 싸운 흔적이 역력한 처참한 형의 모습을 보자 태식은 통곡을 했다. 아버지와 같은 듬직한 형이 아니던가? 그토록 착하고 선하게 살아 온 형에게 어찌 이런 일이 있을 수 있단 말인가. 어머니가 밤을 새워 준비한 사식을 태식이 밀어 넣었다.

"형님, 이것 좀 드시고 힘 내세요. 어머니가 밤새 준비하신 겁니다."

"나는 괜찮으니 천실이한테 줘라. 어린 것이 얼마나 배가 고프겠느냐."

말을 잇지 못하는 동생에게 후식은 장천실 학생 걱정 뿐이었다. 어린 학생이 얼마나 힘들었을 것이며, 헌병대원들의 고문과 협박이 얼마나 모질었으면 자신을 비롯한 계성학교 선생님들과 친구들의 이름까지 들먹였겠느냐며 눈물을 지었다.

1945년 6월, 후식은 집행유예로 부산형무소에서 풀려났다. 새 하늘과 새 땅을 맞아 하염없이 감격의 눈물을 흘렸다. 원망의 말은 한마디도 없이 감사하다는 말만 수도 없이 해댔다. 그러나 진해형무소에서 받은 고문의 흔적은 후식의 몸에 고스란히 남아 평생을 따라다녔다. 맏아들인 후식이 헌병대에 끌려갔다는 소식에 눈물로 기도하던 그 어머니는 후식과 꿈에도 그리던 해후를 하고 해방도 맞았건만, 8월 26일에 주님의 곁으로 떠나고 말았다.

해방은 되었지만 한반도는 곧 미국과 소련 사이에서 벌어진 국제 분쟁의 희생양이 되고 말았다. 분열의 골이 깊어갔다. 신탁통치를 찬성하는 쪽과 반대하는 쪽, 그리고 좌익과 우익으로 갈라졌던 것이다. 이들 세력이 대립하며 갈등을 겪던 1946년 2월, 신후식은 대구중학교 교장으로 부임했다. 좌익이 자신들의 세력을 넓혀가며 우익인사나 기독교인들, 그리고 기독교계 학교를 테러의 대상으로 삼고 있을 때였다. 좌익에 조종당한 대구중학교 학생들이 계성학교 학생들에게 무차별 돌팔매질을 한 사건이 일어난 것도 이 때였다. 경북종합체육대회에서 우승하고 축하 행진을 하고 있던 계성학교 응원단은 갑자기 날아든 돌멩이에 놀라 뿔뿔이 흩어졌고, 학교 응원단의 화려한 행진을 보기 위해 연도에 모여 있던 시민들은 당황해 어

책을 떠나 잠시도 견딜 수 없었던 신후식은 해방 후
대구중학교 교장으로 다시 교육계에 투신했다.

쩔 줄 몰라 했다. 경찰들이 달려와 진정은 되었지만 이미 계성학교 교사 두 명과 학생 아홉 명이 큰 부상을 입은 뒤였다.

참으로 난감한 일이 발생한 것이다. 더구나 계성학교는 후식의 모교이고, 동생 태식이 교장으로 근무하고 있는 학교가 아닌가? 후식은 우선 병원에 입원해 있던 계성학교의 교사들과 학생들을 일일이 문병하며 사죄했다. 어린 학생들이 철모르고 한 짓이고, 죄가 있다면 학생들이 아니라 잘못 가르친 교장에게 있다며 정중하게 용서를 구했다. 치료비와 파손된 악기 등을 배상함으로써 이 사건은 마무리되었다. 후식은 대구중학교 학생들을 문책하는 대신, 좌익세력의 선동에 넘어가지 않도록 타이르며 오직 학생으로서의 본분에만 충실해줄 것을 당부하는 것도 잊지 않았다.

물가가 치솟아 오르자 반 이상의 학생들이 점심 도시락을 준비해오지 못했다. 한창 자라날 때에 배고파하는 학생들을 바라보는 일은 참으로 가슴 아팠다. 그러나 아픈 세월은 학교에만 있었던 것은 아니었다. 생활고에 시달리다 못해 자살을 택하는 사람들도 늘어갔다. 여름에는 죽음을 부르는 콜레라까지 창궐했다. 전염을 막기 위해 교통이 차단되니 민심은 더욱 흉흉해졌다. 견디다 못한 서민들은 굶어죽든지 병들어죽든지 죽기는 마찬가지라며 폭동을 일으켰다. 파업선언도 연이었다.

좌익계열의 시위는 걷잡을 수 없을 정도로 커졌다. 흥분한 군중들에게 경찰이 맞아 죽기까지 했으니, 무법천지가 된 것이다. 대구 시내에 있는 모든 관공서나 은행, 상가는 문을 닫았다. 계엄령이 내렸고, 군인과 경찰은 시위대를 잡아들이기 시작했다. 불안을 넘어 공포를 느끼게 하는 초조한 나날이었다. 자전거로 출퇴근하던 후식에게 낯선 청년들이 다가와 몽둥이를 휘두를 정도이니 출퇴근할 때조차 호위를 받아야 할 정도였다. 결국 후식이 살던 대구중학교 사택에는 사제(私製) 폭탄이 날아들었다. 마당에 날아든 폭탄은 집을 흔들고 유리창은 무너져 내렸다. 집안에 있던 식구들은 놀라서 혼비백산하지 않을 수 없었다. 다행히 다친 사람은 없었지만 가족들은 불안에 떨어야 했다. 1946년에 일어났던 대구 10.1 사건이었다.

사태는 진정될 기미를 보이지 않았고, 혼돈은 걷잡을 수가 없었다. 참으로 혼돈의 시대였다고 해야 마땅하지만, 그것은 이 민족과 이 나라가 새롭게 환골탈태(換骨奪胎)하려는 몸부림이기도 했다. 후식이 1949년에 대구중학교를 떠나자 불안은 현실이 되어 1950년 6월 25일에 전쟁이 일어났다. 학교는 군대에 징발되었고, 젊은이들은 전쟁터로 가야 했다. 가슴 아픈 세월들이었다.

7 어둠을 깨뜨리다

"아버지! 아버지!"

자지러질 듯한 목소리의 여학생들이 우르르 몰려오더니 운동장에 있던 신후식 교장을 애워쌌다. 팔짱을 낀 아이가 시작을 하자 모두가 기다렸다는 듯이 한 목소리로 노래를 시작했다.

보아라 우뚝 솟은 팔공산
끊임없이 흐르는 금호강
십자가의 거룩한 뜻 받들어
어둠을 깨뜨리는 학문의 횃불
신명은 이 나라 여성의 힘

이은상 선생이 시를 짓고 박태준 선생이 작곡한 신명의 교가였다. 사실 신후식은 누구보다도 음악을 사랑한 사람이었다. 신명의 교가는 계성학교 선배이자 동료교사이기도 했던 박태준에게 특별히 부탁을 해서 만들어 낸 곡이다. 신명학교가 초창기부터 합창음악으로 명성을 떨치고 전통을 이어갈 수 있게 된것도 교장선생이 가졌던 이러한 음악적 감성 덕택이었다. 오늘날 학교교육이 성적 위주로 이뤄지는 것을 생각하면 그 당시에 이미 전인교육의 이상을 실현하기 위해 애쓰던 신후식 교장의 교육관은 탁월했던 것이다.

학생들의 응석은 임금과 스승과 아버지를 하나로 여기는 군사부일체(君師父-一體)라는 말이 무색해질 지경이었다. 학생들은 도무지 교장선생님을 어려워하기는커녕 응석을 받아주는 할아버지로 생각을 했다. 학생들은 교장선생님을 아버지라고 부르는 데에 대해 조금도 어색해하지 않았고, 오히려 인자하기로 소문난 교장선생님을 친아버지처럼 믿고 따르며 좋아했다.

교장실의 문이 살며시 열렸다. 유치원에서 돌아온 막내 딸 명희가 아버지를 찾아 교장실까지 온 것은 마침 점심시간이었다.

"아유, 교장선생님의 고명딸이시네? 아버지가 얼마나 귀하

전인교육을 지향했던 교장선생의 교육관은
신명의 합창음악 전통으로 남았다.

신명여학교 본관전경 1949–1968.

게 여길까?"

수학을 가르치던 김 선생이 명희의 볼을 어루만지며 말했다. 그 말에 햇병아리처럼 노란 원피스를 입은 명희가 생긋이 웃었다. 그때, 후식이 젓가락을 내려놓고 큰 소리로 말했다.

"무슨 소릴! 내가 딸들이 얼마나 많은데, 고명딸이라니?"

"교장 선생님, 명희 말고도 따님이 또 있는 모양이지요?"

김 선생이 짐짓 놀라며 의아한 표정을 지었다.

"암, 있지. 있고말고!"

교장실에 모여 있던 선생님들이 일제히 후식을 바라봤다. 그러자 후식은 교정으로 시선을 던졌다. 그리고 태연히 말했다.

"여기 신명학교 학생들은 모두 다 내 딸들이야."

선생님들은 미소로 그 대답을 받아들였지만, 그것은 사실이었다. 평소 교장의 남다른 학생사랑은 이미 모르는 사람이 없었다.

신후식은 계성학교 교목으로 근무하던 당시 이미 이웃 신명학교의 운영에 많은 기여를 했지만, 신명학교와 공식적으로 인연을 맺은 것은 1945년 진해 형무소에서 출소하고 해방을 맞아 훈육을 담당하고부터였다. 그러나 곧장 대구중학교 교장으로 발탁되어 몇 년을 떠나 있다가 1949년에 다시 신명재단

이사장을 맡게 되었다. 그러나 이때는 신명이 개교 이래 가장 큰 위기에 직면해 있을 때였다.

신명(信明)은 브루언(傅海利; H. M. Bruen) 선교사의 부인 마르타 브루언(傅馬太; Martha Scott Bruen) 여사가 1902년에 신명소학교를 세운 이후 1907년에 대구지역 최초의 근대 여성 교육기관으로 설립한 학교이다. 신명(信明)이라는 학교명은 '믿음(信)의 토대 위에서 어둠을 깨뜨린다(明)'는 뜻이었다. 초대 교장 브루언 여사는 '지식보다 하나님을 알며 두려워할 줄 알고, 친할 줄 알고, 사랑할 줄 알게 하는 것'을 교육의 목표로 삼았다. 정치적으로나 문화적으로나 우리 민족의 역사에서 가장 암울했던 이 시기에 이런 교육 목표를 내세우고 실천했다는 것은 거의 기적에 가까운 일이었다. 그것은 누구보다도 브루언 교장의 후임이었던 폴라드(方解禮; H.E. Pollard) 교장의 공이 컸다. 그녀는 1912년부터 1939년, 조선선교회 총회가 한국의 교육계에서 손을 떼기로 결정하여 교장 직에서 물러날 때까지 '정의'를 교육의 이념으로 삼아 신명을 키워 온 주인공이었다. 그러나 그녀는 하나님이 곧 우주의 질서이며 생명인 만큼 인간은 질서를 존중해야 한다고 믿어 신사참배도 단순한 일본의 법질서의 상징이라고 여겼다. 덕택에 신명학교를 폐교의 위기에서 구해내긴 했지만, 그것은 한국인들의 민족적 자존심을 제대로 이해하지 못한 선교사의 한계라고 해야 할 것이다. 그에 반해 그녀가 속한 미국 북장로교의 신사참배에 대한 반대는 완강했다. 신사참배가 국가의식이 아닌 우상숭배라는 걸 분명히 한 선교회에서는 마침내 평양 숭실전문학교와 숭실중학교, 숭의여학교의 신입생모집을 중단했다. 또 계성학교와 신명여학교의 경영에서도 손을 떼기로 하고, 1939년부터는 보조금도 중지하겠다는 결정을 내렸다. 폴라드 교장은 떠날 수밖에 없었고, 신명학교는 주인 없이 광야에 버려진 처지가 되고 말았다.

1944년 2월 14일, 엎친 데 덮친 격으로 일제는 재단이 확실하지 않은 학교는 강제로 문을 닫게 하겠다고 공표를 했다. 선교회의 보조금이 끊긴 당시의 신명이 재단 설립에 필요한 이십 오만원의 거금이 있을 리 없었지만, 이사들과 학부형회와 동창회, 그리고 심지어는 학생들까지 모금운동에 참여하여 정말 기적처럼 이 돈을 마련했다. 그러나 일제는 또 다른 핑계를 댔다.

"신명(信明)이라는 교명에는 기독교적 냄새가 너무 나니 새로운 이름을 하나 정하도록 하지요. 뭐라고 지으면 좋을까…. 그곳이 예전에는 남산고역기(南山故驛基)라고 불렸다니 '남산'으로 개칭하시오."

참으로 어처구니없는 일이었지만 이렇게 해서 대구남산여

학교 유지재단이 설립되었고, 그 덕에 폐교의 위기는 넘겼으나 '신명'이라는 원래의 학교명은 잃어버리고 말았다. 남산여학교가 탄생하게 된 것이 비극의 씨앗이 되리라는 것은 그 때만 해도 아무도 짐작 할 수가 없었다.

비록 원했던 일은 아니었지만, 이 비극의 주인공은 신후식으로 정해졌다. 해방이 되자 경북노회에서는 일제의 탄압으로 경영을 중단했던 계성학교와 신명학교, 동산병원을 되찾기로 하고, 신명여중 운영이사회를 조직해 신후식에게 이사장자리를 맡긴 것이다. 남산여학교라는 교명도 당연히 예전의 신명여학교로 바뀌어야 했다. 하지만, 현실은 그리 녹녹한 일이 아니었다. 신명여학교에 대한 법적 권리는 이미 남산여학교 유지재단이 가지고 있었기에 학교의 관리나 운영은 표류를 할 수밖에 없었던 것이다. 게다가 뜻하지 않은 6.25 전쟁이 터져 학교 터는 당장 UN군의 주둔 기지로 내주지 않을 수 없는 형편이 되었다. 학교를 군인들에게 양보한 학생들은 제일교회와 YMCA를 임시교사로 삼아 수업을 받아야 했다. 다행히 난리 가운데서도 1952년 경북노회는 문교부로부터 신명교육재단 설립인가를 받아내어 중학교 3년제, 고등학교 3년제로 개편할 수 있게 되었고, 남산여학교 유지재단 관할에 있던 신명여학교를 인수하기로 했다. 그러나 학교의 운영권을 두고 노회와 남산재단은 팽팽한 대립관계에 서게 된 것은 당연한 일이었다. 결국 신명여중학교는 남산재단에서, 신명여자고등학교는 노회에서 운영하는 것으로 결론이 내려졌다.

분규는 이것으로 끝난 게 아니었다. 전쟁이 끝나고 1954년 4월 UN군으로부터 학교 터를 돌려받게 되자 남산재단에서는 신명의 교사(校舍)가 자신들의 것이라는 주장을 펼쳤다. 학부모들의 기금과 재단의 돈을 모아 세운 것이라며 교사(校舍) 12개동의 가처분결정까지 받아낸 것이었다. 신명여학교재단은 이 말도 안 되는 교사(校舍)가처분의 부당성을 제기하고 저항했지만 집달관들이 그해 6월 3일에 학교에 들이닥치는 것을 막을 수는 없었다. 교정은 날벼락을 맞은 것처럼 소동이 일어났다. 압류딱지를 들고 찾아 온 집달관들을 보고 학생들이 가만히 있을 리가 없었다. 학생들 수 백 명이 "우리학교"라고 외치며 시위를 시작한 것이다. 참담한 심정으로 이 사태를 보고 있던 신후식 교장은 학생들을 달래며 귀가하라는 지시를 내렸다. 학생들이 이런 일로 공부에 지장을 받거나 마음에 상처받는 일은 없어야 했기 때문이었다. 그러나 학생들은 쉽게 물러서지 않았다. 집달관들과 학생들 사이의 실랑이는 새벽까지 계속되었지만 결국 강당과 12개 교실에는 압류딱지가 붙여졌다. 망연자실한 학생들은 출입이 금지된 교사(校舍) 앞에 주저앉아 큰소리로 엉엉 울기만 했다.

신명여학교 교장시절.

"어떻게 이런 일이 일어날 수 있는가!"

후식은 결연한 심정으로 학생들과 교사들을 교정으로 불러 모았다. 그리고 사건의 경위에 대해 설명하며 삼일 간 휴교를 선언했다. 그리고 학생들에게는 동요하지 말라는 당부를 하고, 휴교 기간 동안 어떻게 해서든 임시교사(校舍)를 마련하겠다고 약속을 했다. 목이 멘 신후식 교장이 잠시 호흡을 가다듬었다.

"만약 임시교사(校舍)를 마련치 못할 경우, 땅바닥에서라도 공부는 계속할 것이다. 그러니 걱정하지 말고 모두 귀가하도록 해라."

눈물을 글썽이던 학생들이 하나둘 집으로 돌아갔다. 이제 텅 빈 교정에는 적막만 흘렀다. 그 적막 속에 서서 신후식 교장은 한동안 건물을 바라봤다. 할 수만 있다면 당장에라도 교실에 붙은 압류딱지를 떼어내고 싶은 심정이었다. 학생들이 공부해야 할 교실이 아닌가? 그런데 이제 학생들은 멀쩡한 교실을 두고 맨땅에서 수업을 받아야 할 처지에 놓여 있었다. 학생들이 없는 학교 건물은 전날과 달리 홀로 덩그렇게 남아 을씨년스럽기 짝이 없어 보였다.

사흘 후, 약속대로 학생들은 미군이 쓰다 버리고 간 두 동(棟)의 가건물을 개조한 네 개의 교실과 과학교실, 재봉실, 계단 밑, 운동장 등에서 수업을 받았다. 신후식 교장은 결코 좌절하거나 뒤로 숨지 않았다. 당당히 나서서 교사 반환을 요구하는 진정서를 관계당국에 제출하고 상황의 부당성을 분명히 하여 지역사회의 지도층에 알렸다. 학교 건물을 찾을 수 있는 모든 시도를 다 했다. 하나님이 도우셨을까? 대구의 교육계에서는 가처분의 자진철회를 권고한다는 성명서를 발표하는 등 지역사회가 나선 것이다.

신명여학교의 교사는 차압수속이 된 모양인데 학교 교사를 차압한다는 것은 교육사상 일찍이 듣지 못한 일이다. 그것이 법적으로 따져서 있을 수 있는 일이고, 있을 수 없는 일임을 말할 것이 아니라 교육계에서 교육가로서 천여 명의 학생을 쫓아내고 교사사용을 금지하는 처분이 도의적으로 있을 수 있는 일인가 아닌가에 있는 것이다.

신명여학교의 분규는 내부분규에 지나지 못한 것이다. 그것이 신명재단이건 남산재단이건 똑같은 교육사업을 위한 존재이었지, 모리(謀利)나 권리를 꾀하는 존재는 아닐 것이다. 신명학교의 기본은 북장로파 대한선교회 유지재단과 장로회 경북노회 유지재단에 있는 것이요, 이 기본에서 파생한 남산재단이 비록 그 권리를 주장하여 분리할 법적인 근거가 있다고 하더라도 이것은 신명의 전통 속에서 그 그늘 아래서 자라나지 않을 수 없을 일일 것이다.

육영사업은 어디까지나 교육을 위한 것이어야 하는 것이다. 교육 모리(謀利)나 이권을 행사하기 위한 교육이라면 그 정신은 포기되어야

할 것이다. 교사가 차압을 당하면 천여 명의 학생은 당장의 배움이 자리를 잃고 거리에 방황하게 될 것이다.

재단의 내부분규가 결과에 있어서 이와 같은 교육계에 일대 불상사에까지 발전한다는 것은 교육계의 씻을 수 없는 오점이 될 것이다.

학생들이 이에 항거하는 것은 당연한 일일 것이다.

(단기 4287년 6월 6일 영남일보 사설)

드디어 여론에 밀린 남산재단에서는 가처분을 포기했다. 학교 건물을 되찾게 된 신후식 교장과 학생들은 하나님께 감사의 기도를 드리며 눈물을 흘릴 뿐 서로 아무 말도 하지 못했다. 교장으로서 학생들을 끝까지 지키고 보호하려는 신후식의 책임감과, 교장에게 전적으로 신뢰를 보내며 믿고 따라 준 학생들이 하나가 된 순간이었다.

"여러분들, 나는 스스로 하나님의 말씀대로 살고 움직이고 노력할 것입니다. 그러니 여러분들도 그렇게 살기를 간절히 원합니다. '하나님께 대하여 믿음으로 살고, 자기에게 대하여 제 할 일을 다하고, 타인에게 대하여 서로 돕고 섬기는 것'을 우리의 교훈으로 삼고자 합니다."

길고 긴 어둠의 터널을 뚫고 나온 '신명(信明)'은 드디어 그

이름이 뜻하는바 믿음의 토대위에서 어둠을 깨뜨리고 있었다. 1952년에 신후식이 교장으로 취임했을 때 신명은 교사 5명이 320명의 여섯 학급 학생들을 가르치는 학교에 지나지 않았다. 교실이 부족하여 YMCA의 목조 건물마저 빌려 써야 할 형편이었고, 송사에 휘말려 이리저리 쫓겨 다니던 형편이었지만, 신후식 교장은 폐허 가운데서도 우뚝 서서 신명 재건의 중심 노릇을 한 것이다. 특히 대강당의 공사가 있을 때는 누가 교장인지 누가 공사판의 인부인지 구분이 되지 않을 정도로 신후식 교장은 직접 현장에서 일을 도우며 지휘 감독하기도 했다. 1957년 6월 6일, 보슬비가 내리는 초여름이었다. 신후식 교장은 강당 상량식을 개최하며 들보에 다음과 같은 문구를 썼다.

"구주강세 일천구백오십칠년 유월 육일 상량, 열왕기상 팔장 이십칠절~이십구절"

(救主降世 一阡九百五十七年 六月 六日 上樑, 列王記上 八章 二十七絶~二十九節)

하나님이 참으로 땅에 거하시리이까. 하늘과 하늘들의 하늘이라도 주를 용납지 못하겠거든 하물며 내가 건축한 이 전이오리까. 그러나 나의 하나님 여호와여, 종의 기도와 간구를 돌아보시며 종이 오늘날 주의 앞에서 부르짖음과 비는 기도를 들으시옵소서! 주께서 전에 말씀하시기를 내 이름이 거기 있으리라 하신 곳 이 전을 향하여 주의 눈이 주야로 보옵시며 종이 이곳을 향하여 비는 기도를 들으시옵소서!

그의 눈에는 물기가 가득 고여 있었다. 그리고 그 눈물의 의미를 알고 있던 신명의 모든 학생들과 교사들, 그리고 학부모들과 대구시내의 각 중고등학교 교장들을 비롯한 교육계 인사들은 숙연해졌다. 누가 먼저랄 것도 없이 모두가 자리에서 일어나 신후식 교장에게 경의를 표하는 박수를 보냈다. 그가 퇴임을 하던 1962년에는 신명이 2010명의 학생을 교사 48명이 가르치는 매머드 학교가 되어 있었다. 중학교 15학급, 고등학교 13학급이 교실 30개에 특별실이 7개, 그리고 대강당까지 갖춘 대 신명은 그렇게 튼튼한 반석 위에 깊은 뿌리를 내리게 된 것이다. 뿐만 아니라, 9년 7개월이라는 긴 세월동안 송사(訟事)에 휘말려 자칫 폐교에 이를 뻔했던 위기는 신후식 교장 특유의 지혜와 끈기와 인내가 아니었다면 이겨낼 수 없었을지도 모른다. 그러나 신후식 교장은 그것이 자신의 공(功)이라고 단 한 번도 내세운 적이 없었다. 오히려 신명여중(信明女中)의 이름을 지키지 못한 것이 생각할수록 착잡하고 안타까울 뿐이었다. 그 대신 여자중학교의 설립인가를 새로 받아내어 위로를 삼았다. 계성학교의 교장으로 재직 중이던 동생 신태식은 계성(啓聖)에서 '성(聖)'을, 신명에서 '명(明)'을 각각 따와 '성명여중(聖明女中)'이라는 교명을 선물했다. 신명고등학교가 신명중학교와 짝을 이루지 못하고 성명여중과 짝을 이루게 된 것은 그런 이유다.

8 지구 저 편에서

신후식이 정년퇴직을 하고 미국으로 이민을 온 게 벌써 삼십년이 넘은 듯하다. 가난한 집의 맏아들로 태어나 일제 강점기를 살아냈고, 전쟁이라는 비극을 겪었다. 말 그대로 파란만장한 세월이었다. 평생을 교육자로, 목회자로 살아왔지만, 생각해보면 하룻밤의 꿈처럼 흘러간 시간들이었다. 미국행을 결심하게 된 것은 미국으로 떠나게 된 딸 명희 내외의 간곡한 부탁 때문이었다. 이미 나머지 여섯 형제는 미국에서 자리 잡고 살고 있으니, 명희마저 떠나게 되면 신후식 내외만 한국에 덩그러니 남게 되는 것이었다. 아들들은 이미 오래전부터 부모님을 미국에서 모시겠다고 하던 터였다. 그러나 그때마다 신후식은 아직 여기에서 할 일이 남았다, 하며 차일피일 미뤄갔다. 아들들과 함께 살고 싶지 않았던 건 아니었다. 하지만 고향산천을 떠나고 싶지 않았다. 이미 나이 일흔을 넘긴 터라 고향땅에다 자신의 뼈를 묻을 생각이었던 것이다. 그러나 고집만 부릴 수는 없는 형편이었다.

"한국에 두 분만 남아계시면 저희들의 마음도 편치 않아요."

명희의 말에 신후식은 생각에 잠겼다. 자식들의 성화도 성화려니와, 그들의 마음을 모른 척할 수도 없었다.

그렇게 여러 날 고민하던 후식이 드디어 입을 열었다.

"이곳에서 내가 할 일도 다 한 것 같고, 네 오빠들도 저렇게 애원을 하니 어쩔 수 없구나. 하지만 난 아직 양로원으로 들어갈 생각은 없다. 주님께서 부르시는 그 날까지 무슨 일이든 할 테니 그리 알아라."

이렇게 이민을 결심한 신후식은 1978년 12월, 미국행 비행기를 탔다. 그의 일곱 자녀들은 모두 각자의 자리에서 제 몫을 하고 있었다. 1950년대에 미국으로 건너간 맏아들 은희를 비롯해 여섯 형제가 모두 미국의 병원과 대학교에서 교수로, 사업가로 활동하고 있었던 것이다.

그러나 신후식은 휴식 대신 이민목회라는 제 2의 삶을 시작했다. 버지니아 장로교회 담임을 맡은 것을 시작으로 여러 교회의 강단에 섰다. 교단에서는 그에게 많은 할 일을 맡겼지만, 주로 분쟁이 일어난 교회로의 파송이었다. 화해의 임무를 맡게 되었을 때 신후식은, 주님이 나를 쓸 데가 있어서 이곳 미국으로 부른 것이구나, 역시 주님의 뜻이었구나, 하고 혼자 속으로 탄복을 했다. 미국의 한국인 이민자들이 200만 명이 넘었지만, 미국에서는 여전히 소수민족이었다. 언어소통의 어려움을 극복해가며 생존경쟁에 뛰어든 그들의 삶은 언제나 팍팍하였다. 따라서 이민교회는 단순한 신앙공동체 이상이었다. 때로는 친교의 장소이고 때로는 정치적 힘을 모으는 곳이고 때로는 조국의 발전을 위해 뭉치는 곳이기도 했다. 그러나 무엇보다 그들의 삶에서 영적인 위로는 절실한 것이었다. 교회가 이민생활의 중심이 될 수밖에 없고, 갈등이 끊이지 않는 것은 그런 이유에서였다.

미국이라는 큰 나라에서 신후식은 동서로, 남북으로 부지런히 뛰어다녔다. 캘리포니아의 산호세에 있는 교회에 부름을 받고 갔을 때에는 50여 명이 교회를 지키고 있었다. 이전에는 교인들이 수백 명이나 될 정도로 교세가 컸던 교회였으나 몇 년 동안 갈등을 겪고 난 이후 교회가 겨우 명목만 유지하는 처지가 된 것이었다. 그러한 사실을 알게 된 신후식은 교인들을 설득하고, 떠난 사람들을 불러 모으는 등 주님의 말씀 아래에서 서로 하나가 되게 했다. 그러자 불과 삼 개월도 지나지 않아 교회는 예전의 모습을 되찾았다. 놀라운 일이 아닐 수 없었다.

사실 이런 일이 가능했던 것은 그의 성격이 워낙에 온후한데다 남의 말을 잘 들어주고, 인정해주던 깊은 성정이 한 몫을 했다. 여느 목사들보다 연륜이 깊은 탓도 있었다. 신후식은 한국을 떠나기 전 1970년에는 대한예수교장로회 총회장을 역임하며 한국교회를 대표했던 원로였던 것이다. 당시에 그의 리더십으로 WCC(세계교회협의회) 총무였던 브레이크 박사, 영국장로교회 총회 선교부의 앤더슨 박사 등을 초청해 총회는 국제적 위상을 확보한 바 있었다. 그런 원로목사의 겸손한 목회가 사람들을 하나 되도록 감동시킨 것이었다. 이런 쾌거에 대해 신후식은 이것이 결코 개인의 입장이나 생각만으로 이루어질 수 있는 일이 아니며 오로지 주님이 하신 일임을 강변하였다. 그렇게 해서 일단 교인들이 교회 안에서 화목하게 되면 신후식은 젊은 목회자를 강단에 세웠다. 그리고 자신은 분쟁하고 있는 또 다른 교회를 찾아 떠났다.

그러던 어느 날, 신후식은 워싱턴에 한인 청소년 센터를 건립한다는 소식을 들었다. 워싱턴한인교회협의회와 청소년재단이 모금을 위해 나서자 신후식은 일만 달러라는 거금을 선뜻 내어놓았다. 평생을 교육과 목회에 바친 신후식은 이민 온 한인들의 자녀교육이 얼마나 중요한 문제인지를 누구보다 잘 알고 있었기 때문이었다. 많은 한국인들이 자녀들의 교육문제로 이민을 오지만, 타국에서의 자녀교육이 결코 만만한 문제가 아님을 알고 있었다. 부모들은 먹고살기 바빠 점점 주류사회로부터 멀어져가고, 자녀들은 자라면서 점점 주류사회로 가까이 가게 되니 자연히 부모와 자녀들의 간극은 커가게 되는 것이다. 부모와 자녀 간의 문화가 달라지고 소통이 막히게 되는 것이다. 청소년 교육을 탈선으로부터 보호차원에서 수행하는 것도 중요하지만, 더 중요한 것은 그들을 적극적인 글로벌 리더로 키우는 일이었다. 한인 청소년들이 한민족의 일원이면서 동시에 미국시민으로서 국제사회의 인물이 될 수 있기를 바랐던 것이다. 기업이 아닌 한 개인이 이처럼 거금을 희사한 것은 참으로 드문 일이었다. 워싱턴 한인사회가 그의 뜻에 크게 공감하고 감사하자, 신후식은 이번에도 그냥 그렇게 대답했다.

"난 아직 세상에 빚진 게 훨씬 많은 사람입니다."

신후식이 사는 노인아파트로 다섯째 아들 경희가 찾아왔다. 대학에서 10년 넘게 경영학 교수로 재직하고 있던 경희가 뒤늦게 신학대학에 다니고 있다고 했다. 신학을 마치고 목회자가 되겠다는 것이었다. 말을 듣던 후식의 얼굴에 웃음꽃이 활

난 아직 세상에 빚진 게 훨씬 많은 사람입니다.

짝 피어났다. 단 한 번도 표현하진 않았지만 후식은, 자녀들 중 누군가는 목사가 되었으면 하는 바람이 있었다. 하지만 자신이 원한다고 해서 자녀들에게 그 길을 강요하지는 않았다. 비록 자신의 몸을 빌려 태어나긴 했으되 그들은 모두 주님께서 자신에게 맡겨둔 보석이자 선물일 따름이었다. 그러므로 주님의 품안에서, 주님의 뜻대로 살게 해야지 자신의 뜻대로 해서는 안 될 일이라고 생각했던 것이다. 자녀들에게 한 번도 이렇게 해라, 저렇게 해라, 내 뜻은 이렇다, 하고 말해본 적이 없었던 것은 그런 이유 때문이었다. 그 바램이 이렇게 이루어진 것이다. 너무나 감사하고 기쁜 나머지 신후식은 저도 모르게 싱글벙글했다. 그 모양을 보던 경희가 물었다.

"아버지, 그렇게 좋아하실 거면서 왜 우리에게 진작에 목회자가 되라고 하지 않으셨어요?"

"내가 시키지 않아도 하나님께서 너를 부르셨지 않느냐."

그 말에 가족들은 모두 고개를 끄덕일 수밖에 없었다. 신학대학을 졸업한 경희는 목사 안수를 받고 목회자의 길로 들어섰다. 목회자가 된 경희는 대학생들을 대상으로 하는 학원선교를 좋아했지만, 그는 이미 온 세계를 선교의 대상으로 삼고 준비를 해 온 터였다. 교단에서 그에게 명령한 선교지는 이슬람교도가 많은 중앙아시아의 우즈베키스탄이었다. 그곳에 공과대학과 병원을 세워서 선교활동을 벌이기로 한 것이다. 그곳에 설립될 대학의 총장자리에는 목회자이면서 박사학위를 소지하고, 대학에서 학생들을 지도해본 적이 있는 인물이어야 하는데, 그곳은 바로 경희를 위해 예비해 둔 자리가 아닐 수 없었다. 이렇게 해서 중앙아시아로 선교의 길을 떠나는 경희의 뒷모습을 보며 신후식은 또 다시 눈물로서 감사의 기도를 올렸다. 자신이 다 이루지 못한 하나님의 명령을 아들 경희마저 일깨워 하게 하시다니…….

신후식은 곁에 앉은 하얀 백발의 아내를 바라봤다. 자신의 그림자를 보고 있는 듯 했다. 평생을 남편과 가정을 위해 고생만 했던 사람이다. 그러나 불평 한 마디 없이 남편이 바깥일에만 전념할 수 있도록 돕는 역할을 사명으로 알았던 사람이다. 그러면서도 아이들 기르는 일은 혼자서 맡아 했던 아내였다. 그러나 아흔 셋이 되던 해 어느 날, 갑자기 찾아온 병마와 함께 정신이 흐려져 종종 기억을 놓쳤다. 과거와 현재를 구분하지 못하는 아내에게 오늘은 여전히 60년 전의 그날이기도 했다.

"저 많은 사람들에게 어떻게 다 밥을 해 먹여, 쌀독에 쌀도 떨어졌는데."

잠에서 깬 아내가 아직도 꿈결인 듯 중얼거렸다.

"쌀이 떨어졌는데……."

신후식은 그제야 남편으로서, 가장으로서 무심했던 자신을 되돌아봤다. 늘 바쁘다는 핑계로 아내와 집안일에 소홀했던 자신이었다. 그런 자신을 믿고 따라주느라 평생 허리 펼 날이 없던 아내였다.

"아버지가 진해 형무소에 계실 때 어머니가 우리를 먹여 살리시느라고 애쓰던 모습이 눈에 선합니다."

곁에 있던 둘째 아들 영희가 제 어머니의 머리카락을 쓸어주며 말했다.

"어머니 등허리에는 피멍이 가실 줄 몰랐지요……."

영희는 말을 잇지 못했다. 서봉숙 여사는 식솔들을 챙기기 위해 아녀자의 몸으로 경산 과수원에서부터 사과 봇짐을 짊어지고 기차에 매달려 다니기도 했다. 처녀의 몸으로 시집와 네 아들들의 어머니가 되어준 아내의 고생은 말로 다 할 수 없었다. 막내 여동생을 시집보낼 때는 아내가 예단을 준비하는 등 시어머니 노릇까지 도맡아 했다. 그리고 경희, 명희, 원희 삼남매를 낳아 한결같이 건강하게, 그리고 훌륭하게 길렀다. 지금은 막내인 원희까지 벌써 20년이 넘게 대학교수로 사회에 봉사하며 살아가고 있는 것이 신후식의 삶에 있어서는 가장 행복한 일이었다. 자신의 삶을 오롯이 가정을 위해 희생한 아내가 없었더라면 불가능했을 일이었다. 그런 아내를 생각하면 미안하고 고마운 마음뿐이었다. 아내의 손을 꼭 잡자 아내는 신후식의 마음을 아는지 모르는지 빙긋이 웃었다. 백발의 아내는 여전히 고왔다. 미국 노스 캐롤라이나주 샬럿에서 아내와 함께 영희 내외의 극진한 보살핌을 받고 있던 신후식은 2009년 1월 26일, 아내 서봉숙 여사를 먼저 천국으로 보냈다.

9 보현산 아래에서

2004년, 신후식은 계명대학교에서 개교 50주년 기념행사에 창립이사 자격으로 초청을 받았다. 흐르는 세월의 무게 때문에 거동이 불편했으나 후식은 기꺼이 참석하겠다고 했다. 무엇보다도 그동안 엄청난 발전을 거듭한 계명대학교의 모습을 보고 싶었지만, 허리를 다쳐 병석에 누운 지가 오래 된 동생 태식을 꼭 만나야 했다. 고향땅 청송은 또 어떻게 변했을까?

미국의 수도 워싱턴의 덜레스공항에서 출발한 비행기는 꼬박 14시간이나 지나서야 대구공항에 도착했다. 1905년에 태어나 한 세기를 살아온 후식으로서는 머나먼 여정이었다. 이 여정에는 목회자가 된 다섯째 아들 경희가 함께 했다. 항공사에서는 미주로 출항한 이래 백세가 된 노 승객이 탑승하기는 처음이라며 기뻐했다. 대구의 모습은 놀랄 정도로 발전해 있었다.

"우리도 한번 잘 살아보자고 한 게 엊그제 같은데……."

달리는 차안에서 신후식은 낯설게 느껴지는 대구의 모습을 보며 혼자 웅얼거렸다.

"모두 주님의 은혜로 이루어진, 기쁘고 감사한 일이야."

신후식은 동생 태식부터 만나야 했다. 벌써 아흔을 훌쩍 넘긴 동생이었다. 하지만 후식에게는 챙겨주고 보살펴야할 어린 동생일 뿐이었다. 지구를 반 바퀴나 돌아왔건만, 동생 태식은 이미 쇠약해져 형을 보고도 일어나 앉질 못했다. 젊고 괄괄했던 모습도 세월의 뒤안길로 사라지고 없었다. 야속한 세월이었다. 그 세월을 생각하며 신후식은 태식의 건강회복을 위한 기도를 드렸다. 그리고 가만히 태식의 손을 잡았다. 두 형제는 눈길만으로도 지난 세월을 이야기 할 수 있었고 따뜻함을 느낄 수 있었다.

계명대학교에 도착한 신후식은 돋보기 안경을 밀어 올렸다. 넓은 동산과 고풍스러운 건물이 보였다. 계성(啓聖)학교와 신명(信明)학교의 이름을 한 자씩 따서 지어진 계명(啓明)이라는 대학교를 키우고 가꾼 동생 태식의 노력들이 한눈에 들어왔다. 어린 시절, 가난을 끔찍이도 싫어하던 동생이었다. 다른 집에는 밥을 먹는데, 왜 우리는 죽을 먹느냐며 죽이 담긴 그릇을 냅다 차버리던, 남달리 고집이 센데다가 자존심마저 강했던 태식이었다. 그런 동생이 대명동의 바위산을 개척해 나무와 잔디를 심고 손수 교정을 가꾸더니 계명대학교의 교정을 오솔길이 있는 작은 숲으로 만들어 놓았다. 학교가 발전하려면 교회와 분리되어야 한다고 했다가 경북노회로부터 제명을 당하기까지 하면서도 고집을 꺾지 않았던 태식이다. 그렇게 애착을 가지고 발전시켜가던 계명대학교가 개교 50주년을 맞았다. 그러나 그 기념행사에서 가장 크게 박수를 받아야 할 태식은 몸이 아파 참석할 수가 없었다. 그 순간, 신후식의 눈시울이 뜨거워졌다. 손에 든 지팡이를 내려다봤다. 자신도 지팡이에 의지해야 할 정도로 보행이 자유롭지 못했지만 자리보전한 동생을 생각하니 가슴이 미어지는 듯했다.

어느 새 신후식이 탄 차가 복동마을에 도착했다. 그는 먼저 가족의 교회사가 시작된 복동교회를 찾았다. 계성학교에 다닐 때, 하기방학 때마다 찾아와 아이들에게 찬송가며 성경을 가르쳐주던 곳이었다. 조상들의 묘소를 참배하고 고향집도 찾았다. 이제 그 때의 모습을 찾아보기는 힘들었지만 후식을 바라보는 고향 사람들의 시선에는 따뜻한 정이 가득 묻어 있었다. 고향집은 예전의 모습 그대로 보존되어 있었다. 큰아버지가

청산교회에서. 제일 왼쪽이 동생 신태식이다.

계시던 사랑채며, 가족이 살던 문간방이며, 마당에 심어진 감나무까지……. 변한 것이 있다면 세월에 따라 늙어버린 자신의 모습뿐이었다.

언제든 뒤꼍에서 어머니가 후수야, 하고 자신을 부를 것만 같은 고향집에서 후식은 가족들과 친지들, 마을 사람들과 함께 고향의 산나물로 모처럼 맛있는 식사를 했다. 그리고 멀리 보이는 보현산(普賢山)을 바라봤다. 동생 태식과 함께 나무하러 다녔던 보현산에는 봄이면 진달래와 노랑제비꽃이 피었다. 그 보현산 아래의 사람이라는 뜻으로 후식은 젊은 날, 자신의 호를 '보산(普山)'이라 지었다. 몸은 비록 고향을 떠나 있더라도 마음만은 늘 고향을 잊지 않기 위해서였다.

"저 산 꼭대기에 보현산 천문대가 들어섰심더. 그기 벌써 몇 해 됐심니더."

신후식을 '할배'라 부르며 따라다니던 고향 사람 조씨가 보현산 정상을 가리키며 말했다. 세월에 따라 변한 것은 후식만이 아니었던 것이다.

"그런데 할배요! 할배는 '보산(普山)'이라는 호를 보현산(普賢山)에서 따왔다 카던데, 보현이라는 말은 무슨 뜻이이껴?"

조씨는 그 옛날 청송 골짜기에서나 듣던 구수한 사투리로 물었다.

"보현(普賢)은 원래 문수(文殊)와 함께 석가여래불을 지키는 보살의 이름이지. 문수보살이 부처들의 지덕(智德)과 체덕(體德)을 말한다면 보현보살은 이덕(理德), 정덕(定德), 그리고 행덕(行德)을 맡고 있는기라. 이 산의 모습이 마치 보현보살이 탄 흰 코끼리 형상 아이가? 그래서 보현산(普賢山)이라는 이름이 생겨난기라. 나도 보현산 아래에서 태어났으니 그 성현의 모습을 조금이라도 닮고 싶었던게지."

이제 미국으로 떠나기 전까지 담임 목회를 했던 청산교회를 방문할 차례다. 당시, 내당동 국민주택은 똑같은 모양의 아담한 단층 양옥집들이 들어서 평화로운 동네를 이루었고, 중산층 정도의 고만고만한 사람들이 주로 살았다. 때문에 청산교회 교우들도 교육계에서 일하는 사람들을 비롯하여 비슷한 수준의 사람들이 모였고, 부설 유치원 아이들부터 당회원까지 모두 가족 같은 분위기였다. 언제나 그러하듯, 소탈하고 검소하고 권위의식이 없어 누구에게나 인자하고 따뜻한 신후식은 유치원 수업이 끝난 교사들을 집으로 끌고 가기가 일쑤였다. 기껏해야 칼국수나 양념간장만 버무린 국수 대접이었지만, 햇병아리 교사들에게는 커다란 행복이었다. 신후식은 참으로 편안한 시골집 할아버지 같아서 사람들은 어려워하지 않았다. 부인 서봉숙 여사도 언제나 불쑥 더해지는 객들을 격의없이 반겨줬는데 교사들은 그 정성어린 점심 대접에도 감동했지만 검소하고 단출한 살림 분위기에 더 감동했다.

주일 야외예배를 나갔을 때였다. 예배 후 레크레이션 시간이 되었지만 좀처럼 흥이 돋지 않았다. 그 때 양복 차림에 중절모를 쓰고 한 손에는 지팡이, 다른 한 손에는 양산을 든 채 불쑥 무대로 올라선 사람은 신후식이었다. 점잖은 목사님이 당시 크게 유행하던 대중가요를 목청껏 부르며 엉덩이를 마구 흔드는 춤을 보였으니 교인들은 배꼽을 잡을 수밖에 없었다. 권위와 체면은 잠시 두고 가장 인간적인 모습을 보임으로써 사람들과 친숙해지는 기술을 그는 가지고 있었던 것이다.

어느 가을날, 신후식 목사는 교인들의 집을 찾아다니며 심방을 하고 있었다. 산업화의 물결을 타고 젊은이들이 도시로 몰려들었지만 빈부의 차이는 커지고 가난한 사람들의 생활은 점점 더 궁핍해지는 듯 했다. 인심이 각박해지는 세상에서 목사님의 심방은 고마운 일이었다. 어려운 형편이었지만 교인들은 무엇이든 대접하며 고마움을 표현하려고 했다. 그날도 신후식은 덥고 갈증이 나던 차에 집 주인이 내미는 컵을 아무 생각 없이 한 숨에 들이켰다. 그리고 예배를 시작했다. 가정에 평화와 주님의 은총을 기원하며 시작된 예배가 끝날 즈음이었다. 맞은편에 앉았던 장로님이 이상하다는 눈빛으로 후식을 바라봤다.

"목사님, 술 드신 분처럼 얼굴이 벌겋습니다."

주의 말씀은 내 발의 등이요
내 길의 빛이니이다
시 119:105

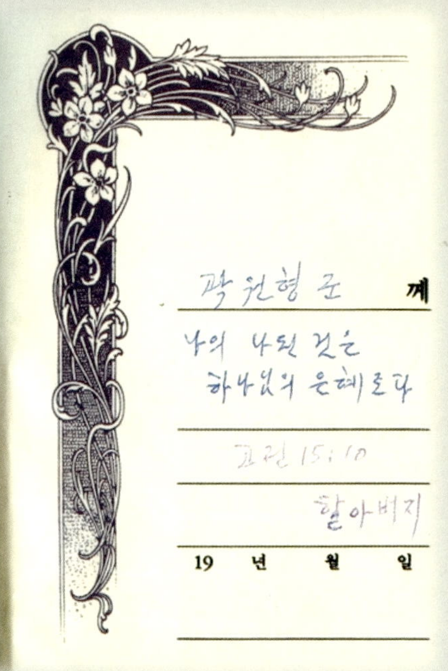
곽원형 군 께

나의 나된 것은
하나님의 은혜로다

고린 15:10

할아버지

19 년 월 일

외손자 원형에 대한 그의 사랑은 지극했다.

당시만 해도 목사가 술을 마신다는 건 있을 수도 없는 일이었다. 그러니 장로님이 의아해하는 것은 당연했다. 그렇잖아도 얼굴이 화끈거려 애를 먹고 있던 신후식이 곁에 놓인 빈 잔을 바라봤다. 그러자 당황한 집 주인이 어쩔 줄 몰라 했다.

"아이구, 제가 그만 포도주를 드렸네요, 이를 어쩌지요?"

신후식은 빙긋이 웃으며 말했다.

"아닙니다. 아주 달고 맛있게 마셨습니다. 다음부터는 포도주를 주실 때 남이 눈치 채지 않도록 저에게만 살짝 주세요."

천연덕스러운 그 말에 자리에 있던 교인들은 모두 폭소를 터뜨리고 말았다. 신목사의 익살과 재치는 언제나 주위 사람들을 잘 웃게 했다. 심각한 일일수록 가볍고 편안하게 말할 줄 아는 재주를 가지고 있었다. 그러니 주위의 분위기는 늘 화기애애할 수밖에 없었다.

청산교회의 교우들은, 박학다식하고 청산유수로 이어지던 그의 설교를 기억한다. 그러면서도 성서본문과 주제로 명확하게 결론을 지어주던 그의 설교를 무척 좋아해서 정년이 되어 퇴임하는 것을 모두가 한결같이 아쉬워했다. 교우들 대부분이 아버지처럼 할아버지처럼 존경하며 아름다운 관계를 가졌었고 지금도 늘 그리운 참 목자로 기억하고 있다. 그 시절 내당동 국민주택에 있었던 교회 사택에서의 몇 년은 결혼한 명희네

가족이 함께 살기도 해서 유일한 외손자 원형을 키우는 재미도 쏠쏠했고, 누가 보기에도 정말 여유롭고 평화로운 시절이었다. 신후식은 격동의 한 세기를 살아 온 역사의 산 증인으로서 그를 반겨주는 청산교회의 식구들에게 이렇게 말했다.

> 나의 나 된 것은 하나님의 은혜로 된 것이니, 내게 주신 그의 은혜가 헛되지 아니하여 내가 모든 사도보다 더 많이 수고하였으나 내가 아니요 오직 나와 함께 하신 하나님의 은혜로다.(고린도전서15:10)

10 마음을 비우고 등신처럼 살았지

"서무과장, 내 월급에서 가불을 좀 해 주소."

신후식 교장이 서무과장에게 손을 내밀었다.

"교장 선생님, 며칠 전에도 가불해 가셨잖습니까?"

서무과장은 굳어진 얼굴로 민망스런 표정을 했다.

"형편이 딱한 학생이 있어서 그래요."

"교장 선생님의 이번 달 월급은 벌써 다 가불해드렸습니다. 더 이상 출금할 수도 없구요."

"그래요?"

머쓱해진 신후식이 마지못해 서무실을 나서자 서무과장은 얼마 남지 않은 교장선생님의 월급명세서를 바라보며 자신의 가슴을 쓸어내렸다. 신명학교 교장 시절, 신후식은 어려운 처지에 놓인 학생들이나 교인들을 보면 그냥 지나치는 일이 없었다. 그러나 빠듯한 살림에 여윳돈이 있을 리 없어 자주 월급을 가불해갔다. 그 돈으로 어려운 사람들을 도왔던 것이다. 그렇게 하다 보니 월급날에는 빈 월급봉투만 들고 가기 일쑤였다. 신후식은 당시에 칠성교회의 담임을 겸직하며 방 두 개짜리의 목사 사택에서 살고 있었다. 칠성교회는 해방 전 일본의 대부호가 살던 곳이라 겉으로 봐서는 사택이 거부의 집으로 착각될 정도이지만 사실 신후식의 살림살이는 궁색하기 짝이 없었다. 집에는 한창 자라는 일곱 명의 자녀들과 조카들이 있었고, 때로는 지방에서 올라와 고학하던 학생들이 머물기도 했다. 전쟁 직후라서 동냥을 오는 사람들이 대문 닫을 틈도 없을 만큼 계속해서 들락거렸고, 피난민들도 북적거렸다. 워낙 많은 사람들이 드나들어 어떨 때는 신후식의 집이 마치 복지시설로 오해될 정도였다. 그러나 집으로 가져오는 월급봉투는 비어있기가 일쑤였으니 대식구를 거두고 먹여 살려야 하는 아내의 고생은 이만저만이 아니었다. 쌀독에 쌀이 떨어져 속울음을 삼키며 혼자 눈물짓는 게 한 두 번이 아니었다. 그런데도 신후식은 걱정하기는커녕 오히려 웃는 얼굴이었다.

"하나님이 먹을 것은 다 주시니까 걱정하지 마라. 우리가 언제 밥 굶은 적이 있었나."

칠성교회 시절.

월급 가불을 거부한 서무과장은 신후식네 가정의 이런 저간의 사정을 너무나 잘 알고 있었던 것이다. 집안 살림이 이런 형편이었으니 신후식의 자녀들은 갖고 싶은 것을 맘대로 가진 적도, 하고 싶은 것을 맘대로 한 적이 없었다. 그러니 아직 어린 자녀들의 불평이 없을 리 없었다. 그러면 신후식은 그 불평을 묵묵히 들으며 네 말이 맞다, 하며 웃기만 했다. 이렇게 늘 나누는 삶에 익숙한 후식은 자녀교육에 있어서도 남달랐다. 자유방임에 가까운 그의 자녀 교육관은 방목에 가깝지 않았을까, 할 정도로 무간섭주의였다. 자녀들이 잘못한 일이 있더라도 매를 들거나 잔소리를 하는 법이 없었다.

그날도 식구들은 저녁밥상에 모여 앉았다. 그때 명희가 시무룩하니 말했다.

"아버지는 우리들 입학식에도 오시지 않고, 졸업식에도 안 오시고. 우리한테 관심이 없나 봐."

"아버지가 바쁘시다는 걸 너도 잘 알잖아."

국그릇을 나르던 서봉숙 여사가 명희의 뺨을 쓰다듬었다. 신후식은 뾰로통해진 명희의 손을 꼭 잡더니 빙긋이 웃으며 말했다.

"하나님이 너희를 지키고 간섭하시는데 나마저 그럴 필요는 없지 않겠니?"

신후식이 미국 출장을 다녀왔을 때도 아이들은 아버지의 선물을 잔뜩 기대한 적이 있었다. 그러나 역시 아버지였다. 볼펜 몇 타스를 사와서 집안과 학교의 식솔들에게 골고루 한 자루씩 나눠주는 것으로 끝나고 말았다. 결코 기대했던 '특별한' 선물이 아님을 알고 입이 한주먹이나 나온 아이들에게 후식은 그냥 웃기만 했다.

"명희야, 하나님은 누구나 다 똑같이 사랑하신다는 사실을 네가 몰랐던 게로구나?"

신후식의 그런 너그러움에 대해 아이들은 더 이상 할 말이 없었다. 그가 가진 맘의 여유는 세상을 언제나 긍정적으로 바라보게 했다. 그가 자녀들에게 남긴 교훈은 그의 정직하고 성실하고 책임감 있는 삶 자체였던 것이다. 교육자로서, 그리고 목회자로서의 가르침 또한 그가 보여 준 진솔한 삶의 태도라고 할 수 있을 것이다.

박람회장에 다녀 온 신후식이 집으로 들어섰다. 그 당시만 해도 박람회는 대단한 행사였고, 대구에서는 좀처럼 구경하기 힘든 행사였다. 박람회를 궁금해 하는 식구들이 아버지를 중심으로 둘러앉았다.

"아버지, 박람회가 어땠어요?"

"이야, 박람회장에 갔더니 정말 사람이 많더구나. 어찌나 많던지…… 사람 구경 잘했지."

박람회 이야기를 궁금해 하는 식구들에게 엉뚱하게도 신목사는 사람들이 많더라는 이야기만 늘어놓았다.

"내가 표를 사려고 줄을 한 시간 쯤 서있는데, 할아버지와 할머니도 있고, 중년 신사와 아주머니들도 보이고, 잘 생긴 멋쟁이 처녀 총각들도 어찌나 많이 왔다갔다 하는지 정신이 다 빠졌네."

"그래서 누구 아는 사람을 만나기라도 하셨나요?"

아들 경희가 의아한 표정으로 물었다.

"아니, 뭐 꼭 아는 사람은 아니지만 소매치기들도 여러 분들이 다녀가신 것 같애."

"무슨 말씀이세요? 그걸 아버지가 어떻게 아세요?"

신 목사는 두 팔을 번쩍 들어 보이며 찢어진 양복 주머니를 보여줬다.

"하하하! … 아버지께서 또 지갑을 잃어버리셨구나!"

아이들은 배를 잡고 떼굴떼굴 굴렀다. 이런 일이 한두 번이 아니었지만, 신목사는 분통을 터뜨리는 대신 언제나 여유와 유머로 결론을 맺었다.

신후식은 계성학교 일백 주년 기념식에 초대되어 일백일세의 나이로 한국을 방문하였다. 계성학교 제 17회 졸업생으로 시작해 계성학교의 교목으로, 계성학교의 교장으로, 이사장으로, 계성과는 떼려야 뗄 수 없는 인연을 가졌던 신후식의 감회는 새로울 수밖에 없었다. 계성학교에 다닐 때 늘 바라보던 아담스관에 새겨진 교훈 '寅畏上帝智之本(인외상제지지본)' 즉 '여호와를 경외함이 지식의 근본이니라' 를 좌우명으로 삼고 살아온 신후식이 아니었던가. 대구 실내 체육관에서 '계성의 날' 기념식이 열리던 2006년 10월 13일, 신후식 목사는 '장수 계성인상'을 수상하고 다음과 같은 연설을 했다.

역사는 연대기나 사건의 나열이 아니고 시공간적으로 일어나는 사건을 서로 연결 시켜서 전체적 의의를 천명하는 것입니다. 또한 과거는 미래의 지침이 되고 교훈이 되는 것입니다. 따라서 역사를 배우고 이해하고 그것에 대한 책임을 느껴야만 합니다. 역사의 주관자는 하나님이십니다. 인간이 하나님의 뜻에 순종하고, 그 뜻을 지상에 실현하려 할 때에 역사는 올바른 방향으로 발전해 나갑니다. 그 반대는 저주입니다. 우리는 역사적 존재인 동시에 역사의 책임자입니다. 그런 우리는 하나님의 동역자(同役者)임을 마음에 깊이 새기고, 역사 속에서 부과된 책임을 수행해야 합니다. 우리 인간은 자주 마침표를 찍고 물러서는 일이 많습니다. 하지만 하나님의 역사는 쉼표를 찍으면서 계속 전진하는 것입니다. 주께는 하루가 천 년 같고 천 년이 하루 같은 이 한 가지를 잊지 마십시오. 그리스도는 어제나 오늘이나 영원토록 동일하십니다. 역사의 책임자이신 하느님과 함께 앞

어린아이 같이 되지 아니하면
결단코 천국에 들어가지 못하리라.

으로의 백 년이 우리 계성에 더욱 창대케 되기를 소망합니다.

1백세가 넘은 노인이 할 수 있는 연설로서는 믿을 수 없을 만큼 힘이 있었고 너무나 감동적이었다. 뛰어난 언변과 명쾌한 논리와 우렁찬 목소리에 감동한 사람들은 모두가 일어서서 뜨거운 박수를 보냈다. 그 박수에는 한 세기를 장식한 신후식의 삶에 대한 존경과 감격이 담겨있었다. 기념행사가 끝난 뒤, 신후식의 정신적 육체적 건강에 놀란 김진홍 목사가 그 비결을 물었다. 그는 두레선교 사업을 펼쳐 공동체 운동에 앞장서신 분으로 당시 계명대학교 이사장을 맡고 있었다. 어릴 때는 청송의 복동교회에서, 그리고 대학생 때는 신후식 목사가 담임으로 있던 대구의 종로교회에 다니며 많은 영향을 받았기에, 그 질문은 그저 인사치례가 아니었다. 신후식은 김진홍 목사를 물끄러미 바라보더니 이렇게 대답했다.

"마음을 비우고 등신처럼 살았지."

부록

신후식 연보

1905년 6월 24일 청송 복동에서 태어남

1921년 화목보통학교 2학년에 입학하여 안덕보통학교 졸업

1924년 계성학교 입학

1929년 계성학교 졸업 및 숭실전문학교 입학

1929년 12월 광주학생사건에 연루되어 투옥 당함

1930년 2월 석방

1933년 숭전 졸업 및 평양신학교 입학

1936년 평양신학교 졸업

1936년 12월 경북노회에서 목사안수 받음

1936-43년 계성중학교 교목

1942년 경북노회장 봉직

1943년 조선기독교연맹 경북교구장 피선

1943-45년 대구 대신교회 담임목사

1946-49년 대구공립중학교 교장
1949-54년 대구 칠성교회 담임목사
1952-62년 신명여자고등학교 교장(1953년부터는 성명여자중학교 교장겸임)
1959-65년 대구 종로교회 담임목사
1963년 예수교장로회 경북노회장 재피선
1966-78년 종로교회 창립 10주년 기념사업으로 내당동의 국민주택으로 조성된 신주택단지 안에 청산교회를 설립하여 담임을 맡음
1967-71년 계성학교 교장
1969-70년 대한예수교장로회 총회 부총회장에 피선
1970-71년 대한예수교장로회 총회 회장 역임
1971-78년 대구 청산교회 담임
1974-78년 대구 신명학원 재단이사장
1977년 대한예수교장로회 경북노회 원로목사 추대
1978년 계명대학교 명예교육학 박사
1978년 대구 계성교회 담임목사
1978년 12월 미국 이주
1979-80년 버지니아장로교회 담임
1980-82년 캘리포니아 산호세 서부장로교회, 임마누엘교회 강단 맡음
1982-83년 콜로라도 스프링스 연합장로교회 강단 맡음

1984-85년 알라바마 모빌한인침례교회 담임
1985-87년 뉴욕주 시라큐스장로교회 담임
1987-90년 아틀란타 갈릴리교회, 연합장로교회 강단 맡음
1990-91년 죠지아한인장로교회 강단 맡음
1991-92년 리치몬드 소망교회 설교 맡음
1992년 설교집 '문을 두드리신다' 발간
1992-94년 매릴랜드장로교회 설교 맡음

[학교 · 기관 활동]
1955-78년 계명대학 이사
1956-78년 계성학원 이사
1946-78년 신명교육재단 이사
1946-77년 대구동산병원 이사
1946-72년 대구 YMCA, 침산고아원, 성경구락부 이사
1974-78년 신명교육재단 이사장
1955-72년 영남신학교 이사
1968-71년 서울여자대학교 이사
1971-76년 부산 일신병원 이사
그 외, 대구신학교 재단이사장, 동산성경학교 이사

아버지 신경한, 어머니 이덕성, 남동생 태식, 여동생 남규, 연식, 해식

참고문헌

신후식, 『문을 두드리신다』, 보산기획 1992.

신명고등학교 · 성명여자중학교, 『신명 백년사』, 대구, 학교법인 신명학원, 2009.

계성100년사 편찬위원회, 『계성 백년사』, 대구, 학교법인 계성학원, 2006.

마음을 비우고 등신처럼 살았지

너그러운 사람 신후식

지은이 | 김중순
펴낸이 | 최도욱
펴낸곳 | 소통
편집 디자인 | 박진희
2010년 3월 30일 초판 발행

주소 | 서울특별시 금천구 시흥동 금천로44 1단지 상가 1-217
전화 | 02-895-3080
팩스 | 02-895-3330
이메일 | sotongpub@gmail.com, chio7417@hanmail.net

ISBN 978-89-93454-27-7 04230
978-89-93454-23-9 04230

값 12,000원

* 잘못 만들어진 책은 구입하신 서점에서 교환해 드립니다.

이 도서의 국립중앙도서관 출판시도서목록(CIP)은
e-CIP 홈페이지(http://www.nl.go.kr/cip.php)에서 이용하실 수 있습니다.
(CIP제어번호: CIP2010000847)